Le pouvoir des gentils

Groupe Eyrolles
61, bd Saint-Germain
75240 Paris Cedex 05

www.editions-eyrolles.com

Pour contacter l'auteur : fmartin@congruences.fr

ISBN : 978-2-212-56017-6

Franck Martin

Le pouvoir des gentils

Les règles d'or
de la relation de confiance

EYROLLES

Remerciements

À mon Élisabeth, dont la confiance aveugle et l'Amour qu'elle me prodigue m'ont redonné vie.

À mes enfants, Amandine, Antoine et Cloé, qui tous les jours m'inspirent.

Au docteur Jacques Lardaud, pour le travail que nous faisons ensemble et notre longue amitié qui me permettent de me recentrer sur les choses essentielles de la vie.

À Frank NGuyen et Marie-Hélène Fontaine, mes coachs et conseillers fidèles depuis mes premiers écrits.

À Pascale Chatillon, encore une fois présente pour mettre en ordre mes mots.

À Bernard Laporte, pour sa confiance, sa spontanéité et sa gentillesse.

À Raymond Domenech, qui a toute mon amitié... éternelle.

À tous mes amis et clients, dont la liste serait trop longue pour être énumérée ici...

Sommaire

Préface de Bernard Laporte

Mes différentes expériences d'entraîneur et de sélectionneur, mais aussi mon passage au ministère des Sports, m'ont conduit à découvrir un autre genre de « terrain », l'entreprise, où il m'arrive de me retrouver « à la pointe », pour ne pas dire en première ligne. Et cela me réjouit. J'aime partager mes convictions, raconter mes histoires. Je le fais avec mon franc-parler et mes expressions à moi (que certains Guignols s'amusent à imiter)...

Un jour, mon ami Fabrice, du Club de Toulon, quasiment à la tête de la filiale française du leader mondial de l'immobilier d'entreprise, me passe un coup de fil rapide : « Bernard, pourrais-tu venir nous parler, comme tu sais si bien le faire, du rugby ? Parce que ton approche marche aussi pour gagner les matchs professionnels "hors sport". Lorsque tu parles des valeurs profondes de notre beau sport, ça ouvre la tête... Bon, pour ça, il y a un garçon, Franck Martin, qui pourra te donner la réplique, te permettre de rebondir façon "ping-pong". Il est là pour nous aider à rapprocher nos collaborateurs, nos cadres plus précisément. En accord avec le directeur marketing et celui de la communication, nous l'avons sollicité. Il est dans une démarche qui te plaira : humain, carré, anticonformiste dans son approche des problèmes de com interne et d'organisation. Ça te dit ? » C'est comme ça que j'ai rencontré Franck. D'abord au téléphone, petite discussion de principe pour savoir à qui j'avais affaire, puis lors de la préparation de notre intervention.

Dans nos échanges, et plus particulièrement lors de cette fameuse partie où nous nous sommes renvoyé la balle (il fallait que l'on soit sur la même longueur d'ondes), j'ai pu apprécier les liens, les rapports directs entre ce que je raconte de ma vie sportive d'entraîneur et ce que Franck défend... Nous sommes en phase. Visiblement, il n'a pas peur de la mêlée, il tente des drops, prend le risque de la course aux essais... J'ai senti le garçon – au travers de ses questions – imbibé et pétri de gentillesse. Sans être dupe de ceux qui pourraient le prendre pour un c... Le même genre de « fortes gueules » que celles que je défends sur les terrains.

Franck a écrit ce bouquin et m'a demandé d'y mettre un mot. J'étais OK parce que j'imaginais de quoi il parlait. Et ce que Franck défend dans ce livre, c'est bien ce que je vis, ce que je soutiens et tente de sauvegarder dans mes prises de position sportives et en entreprise. Des « trucs » de base, sans lesquels rien ne se passe dans une équipe.

Dans le rugby, qui est un sport de combat collectif, comme j'aime à le rappeler, il n'y a pas de triche. Dans le rugby, qui est une folie qui vous emporte quand vous y goûtez, il faut l'amour de l'homme et des valeurs humaines, notamment celles de partage, de passion, de détermination.

Dans le rugby, l'humilité est essentielle pour se relever. Ce qui nous rapproche le plus, contrairement à ce que l'on pourrait croire, ce n'est pas la victoire, celle que l'on arrache contre les « Blacks », mais la grosse défaite, celle qu'on encaisse mal. Vous savez, la belle victoire ne vous appartient déjà plus, elle devient très vite publique. Les journalistes sont là, les politiques viennent s'accaparer les bouts qui brillent. Moi, je parle de ce qui rapproche vraiment. La victoire est belle, la défaite est terrible. Parce que, dans la défaite, nous sommes seuls. On se serre les coudes, on pleure ensemble, on refait le film sans les décors. C'est la merde... Mais on en sort grandis. On sait ce qui ne se passera pas comme ça la prochaine fois. Humilité... je le dis !

Dans le rugby, nous sommes respectueux. Du cadre, des règles et, bien sûr, de chacun de nous. Mon autorité de sélectionneur ou d'entraîneur ne me donne pas le droit de ne pas respecter. Je suis « droit comme un I » et je, nous sommes dans une attitude bienveillante de construction et d'écoute.

Le cadre, nous le respectons tous et nous le faisons respecter. Il n'y a pas de petit métier ou de petit rôle dans le rugby. Par exemple, dans notre staff à Toulon, il y a un garçon, entre autres gars totalement indispensables, qui est responsable, tenez-vous bien, de l'horloge. On va nous taxer de « riches » si l'on pense qu'il y a un gars qui ne pense qu'à son horloge... Et pourtant, ce n'est pas du luxe. Un jour, le « gars de l'horloge » en question a pris la rouste de sa vie. Façon de parler. La claque, scotché au mur. Parce qu'il avait... oublié l'horloge. Il n'avait pas pensé à prendre un truc qui peut paraître débile, mais qui est – vous allez le comprendre – essentiel à l'équipe. Car le joueur de rugby – il en est sans doute de même dans les autres sports collectifs – a ses habitudes, ses grigris. Pour nous, la préparation est rythmée de discussions, de massages, de temps où l'un va faire ses strappings, l'autre ses soins. Chacun a l'œil rivé sur le temps qui passe. À la minute près. Sauf que, quand il n'y a pas – à cause du « gars » qui n'a pas respecté le cadre – l'instrument de la tenue du temps, toute l'équipe va mal. Ça gueule, ça hurle, ça s'angoisse... Et ça peut faire perdre un match important.

Dans le rugby, la notion de cadre, c'est aussi le fait d'avoir sur le terrain des hommes qui auront compris, intégré la stratégie et sauront la relayer à coup sûr. On prend le temps d'en parler. À fond.

Oui, dans le rugby, on communique, on échange, on se parle. Quand le match est fini, on se dit tout et, entre nous, il n'y a pas de secret. L'argent ne pourrit pas les échanges. Aussi efficace qu'une bonne talonnade ! Il n'y a pas de passe-droit, de politique. Nous nous disons ce que nous avons à nous dire. C'est une valeur primordiale de notre sport. C'est comme ça que ça marche et que ça marchera. Comme chacun est dépendant des autres, tout le monde se dit les choses. En vrai, pas en demi-teinte. Forcément, on a nos personnalités, mais si on joue individuel, on meurt, on se prend des coups dans la gueule. On est séché par terre par un placage violent mal défendu.

Dans le rugby, on pratique aussi l'humour. Quand on ne se prend pas au sérieux, malgré les enjeux, ça aide...

Dans le rugby, nous sommes passionnés de rencontres et d'ouverture. Nous n'avons pas de pensées toutes faites, d'idées arrêtées. Nous testons ce qui est à tester, nous rencontrons de nouveaux hommes, des femmes aussi. Nous avons distribué les rôles dans notre staff en bousculant les idées reçues. Rien de tel qu'une femme médecin pour être proche des joueurs. C'est leur « maman ». Inconsciemment, bien sûr...

Dans le rugby, nous sommes patients. Parfois, il faut savoir attendre l'ouverture pour marquer l'essai, la créer par nos stratégies et nos choix tactiques.

Enfin, dans notre sport, nous avons besoin de savoir qu'on s'entend et qu'on se comprend, en un mot d'avoir confiance, et nous passons notre temps à créer le contexte qui va faire naître ce qui est magique : la vraie gentillesse (oui, les grands mots ne me font pas peur quand j'adhère à ce qu'ils incarnent), celle qui construit la belle relation entre nous tous. Parce que de là naît aussi une autre forme de magie : le respect.

Respect, gentillesse, confiance : voilà les maîtres mots qui nous ont réunis, Franck et moi. Mais aussi les valeurs énoncées ci-dessus, dont il parle si bien. Bon, il va loin, le bougre. Plus loin que je ne l'aurais fait naturellement. Parfois même, je trouve qu'il exagère. Mais sur le fond du fond, je m'y retrouve. C'est pour cela que j'ai accepté spontanément de préfacer ces lignes ; parce que je trouve ses prises de position, même si elles ne sont pas toujours « pile-poil » les mêmes que les miennes, jamais injustes, jamais fausses.

Si ce livre peut vous aider à (re)découvrir les bienfaits de la gentillesse, celle qui crée la relation de confiance qui fait gagner, que je pratique dans ma vie d'homme et ma vie de sportif, alors je ne l'aurai pas introduit pour rien.

Allez, tentez l'essai !

Introduction

Jetons un cri du cœur dans la mare de la raison : la relation de gentillesse prime sur le plus beau des contenus. Parole de Bisounours !

Les mots bien choisis font les gentils bien compris

Vous connaissez l'expression : « On ne vit pas dans le monde des Bisounours. » Eh oui ! Notre langage courant – et banalisant – a fait des personnages sympathiques d'un de nos dessins animés fétiches un symbole de candeur et de naïveté « bébêtes ». Est « Bisounours » toute personne ne suivant pas les codes actuels de la compétitivité et de la méfiance généralisée du « chacun pour soi ». Et l'on confond allègrement bienveillance et gentillesse avec passivité et faiblesse... Vivraient « au pays des Bisounours » l'inconscient, le mou, le « bon à rien ».

Seulement... Le paroxysme de la crise remet en cause les diktats de la concurrence ; la brutalité ne fait plus recette, la réussite par l'écrasement d'autrui se heurte à un constat de faillite. Par ailleurs, l'essor d'une société de partage fait de plus en plus l'actualité. Et s'il était temps de fonder le retour à la « croissance » (notre avenir) sur des valeurs plus constructives que destructives ? En clair, reparlons gentillesse, au vrai sens du terme. Tentons de déposer – lucidement – les armes au profit de la performance de la non-violence, de forces humaines, sociales, politiques et économiques imparables : l'attention, la communication, la compréhension, l'envie de faire et d'avancer avec – et non contre – les autres. Le pouvoir de la gentillesse, de nos « bons sentiments » ? On a tout et tous à y gagner...

Un adage incontournable

Depuis ma découverte du courant de pensée de Palo Alto, de ses concepts et outils, je n'ai eu de cesse de vérifier, dans chacune de mes interventions, la véracité de cet adage, ce présupposé avancé comme une théorie par Paul Watzlawick : *« La relation de confiance (fondée sur la gentillesse) prime sur le plus beau des contenus. »*

Pas un jour, dans mon travail, ne s'est déroulé sans que cette phrase résonne et se justifie. Elle est même devenue une véritable obsession : faire comprendre à tous ceux que je côtoie – personnellement et professionnellement – que ces quelques mots sont la base de l'entente, de l'échange réel, cohérent, congruent. Que ces mots, qui doivent vite devenir philosophie de vie et déboucher sur des actions, sont la condition même de toute réussite, et ce, dans des domaines très différents – business, amour, équipe de sport, politique... Cet adage est universel, au point que je me demande encore pourquoi il ne nous est pas enseigné dès notre plus jeune âge.

J'ai eu la chance de grandir dans un environnement où la volonté de respect de l'autre a toujours été recherchée. Cela ne veut pas dire que mes proches étaient irréprochables, certes non. J'ai vu ma famille se déchirer, comme toute famille d'ailleurs... Mais je n'ai jamais supporté les sautes d'humeur, les personnes « soupe au lait » qui explosent parfois, les accès de colère ; je ressentais alors la douleur causée par les mots, les comportements, les attitudes manifestement peu respectueux. Ma sensibilité me faisait réagir à toute violence, à toute méchanceté venue des autres.

Lorsqu'en 1990 j'entendis pour la première fois Jennifer de Gandt – ma formatrice en techniques de PNL – prononcer cette phrase, avec son accent *so british* : « Franck, *remember, the relation* prime sur *the* contenu » (agrémentée par la suite de ses *« yes, you got it »* quand je réussissais un exercice), j'étais loin d'imaginer la puissance de ces quelques mots, leur sens réel, leur réelle importance.

Notre objectif

Notre objectif est non seulement de définir les conditions pour créer une relation de confiance, de respect, de prise en compte de l'autre – dans le sens de véritable écoute –, mais aussi de démontrer, exemples à l'appui, combien cette relation permet de faire évoluer positivement nombre de personnes et de situations, de faire avancer les projets, quelle que soit leur ampleur : un projet d'entreprise, mais aussi un projet sportif – la création d'une équipe de sport par exemple – comme un projet politique.

Parlons-en, de la politique. La défiance de l'« opinion publique » (je n'aime pas cette expression, elle n'a pas réellement de sens pour moi) envers le milieu politique est très précisément le reflet du non-respect de l'adage annoncé ci-dessus. Entre le « peuple » et la caste politique, il n'y a plus de confiance. Dès lors, comment faire passer les réformes nécessaires si cette base à toute communication humaine n'est pas respectée ?

Sans belle relation, le contenu ne passe pas. Voilà, tout est dit. Alors, comment créer, recréer ou entretenir, de manière durable, cette belle relation ? C'est tout l'enjeu de cet ouvrage, tout le défi de notre travail au quotidien.

Un processus d'« alchimie de la gentillesse »

La belle relation de gentillesse partagée s'obtient par alchimie, parce qu'il ne suffit pas de suivre une recette, un *process*. Il va vous falloir donner de vous-même. Comme souvent dans une démarche, il y a une invitation à une transformation de soi. Oui, en lisant ce livre, vous vous lancez dans une aventure personnelle de transformation, peut-être inattendue, proche de la révélation rencontrée parfois au détour du pèlerinage de Saint-Jacques-de-Compostelle. Mais à condition de le vouloir vraiment, de vous investir corps et âme : de rencontre en rencontre, de découverte magique en confrontation au silence et à soi. Sans quoi, l'alchimie ne « prendra » pas.

Quelque part en nous, nous avons tous un Bisounours ; un alchimiste de la gentillesse et de la bienveillance. Mais beaucoup l'ignorent !

Chapitre 1

Nos maîtres en gentillesse

Paul Watzlawick et son axiome fondateur

« Toute communication présente deux aspects : le contenu et la relation, tels que le second englobe le premier et, par suite, est une métacommunication[1]*. »* Voilà l'axiome d'englobement décrit par Paul Watzlawick, que nous traduirons par l'adage : la relation (de gentillesse) prime sur le plus beau des contenus. À tel point que vous pouvez avoir de l'or en barre à offrir, cet or sera considéré comme de la m... si la relation n'existe pas. C'est dire.

Dans tous les domaines, cet axiome est vérifiable et est un enjeu central. Rappelez-vous vos professeurs, au collège. Personnellement, je n'ai jamais été aussi bon et attentif en cours d'histoire et de géographie que lorsque j'ai rencontré Mme Karmazin. Pourquoi ? Parce que cette grande dame nous respectait, et qu'au-delà de ce respect, elle avait compris ce qui faisait qu'un élève pouvait s'intéresser à l'histoire et à la géographie de son pays, malgré un programme rébarbatif, imaginé par des têtes pensantes plutôt éloignées de la réalité des envies des élèves. Elle ne faisait pas un cours d'histoire, non : elle racontait des histoires. Elle n'animait pas un cours de géographie : elle nous faisait visiter le monde. Quel était son secret ? Une grande capacité à prendre en compte ses auditeurs, à les respecter et à savoir s'adapter à eux, plutôt que de réclamer l'inverse. Ce qui ne l'empêchait pas de nous guider habilement grâce à un cadre très précis.

La relation (de gentillesse) prime sur le plus beau des contenus.

1. Paul Watzlawick, Janet Helmick Beavin, Don D. Jackson, *Une logique de la communication*, Points, 2014. Paul Watzlawick était psychologue et théoricien dans la théorie de la communication et le constructivisme radical, membre fondateur de l'École de Palo Alto.

Et vous, n'avez-vous jamais été un « excellent élève » dans une matière, uniquement parce que le professeur vous avait « relationnellement » pris par la main ? N'avez-vous jamais donné le meilleur de vous-même dans le cadre du travail parce que votre chef de service savait vous écouter, vous laisser de l'autonomie, vous respecter, être gentil avec vous ?

Lorsque vous êtes sensible à une publicité télévisée, avez-vous réalisé que c'est sans doute aussi parce que l'agence de pub a su créer une proximité entre la marque et vous ? Très souvent par le biais de l'humour (provoquant la sympathie spontanée) ou de belles images (suscitant l'émotion)...

Milton Erickson et ses stratégies de la proximité

Lors de mes études, j'ai été marqué par un homme et son parcours de vie. Milton Erickson est un psychologue (plus précisément un médecin psychiatre totalement autodidacte en psychologie et en psychothérapie), dont la particularité – pour la synthétiser – est d'avoir lui-même tellement souffert, physiquement et mentalement, qu'il en a développé des stratégies naturelles de proximité avec ses patients.

D'origine modeste, né dans une famille de fermiers, dans laquelle il travaillera comme commis dès ses 16 ans, il aura, toute sa vie durant, des atteintes poliomyélitiques, dont il manquera mourir. Il suivra de longues séances de rééducation et élaborera, de manière créative et spontanée, les premiers modèles de visualisation – il observera sa petite sœur grandir et mettra au point des stratégies enfantines pour apprendre à marcher, à bouger. Ce qui lui permettra de retrouver sa propre mobilité. Il développera une approche positive de la vie, cherchant à comprendre le comment et les processus, plutôt que les explications et les causes.

L'empathie constitue la base même de la réussite de tout type de projet, quelle que soit son importance.

Sa vie et ses expériences l'ont amené non seulement à une attitude d'écoute et de respect, mais surtout de véritable et sincère compassion. Sa capacité à créer ce type de relation, qui deviendra, dans son cadre professionnel, une relation thérapeutique forte et franche, est une grande source d'inspiration. L'empathie – mot employé dans les formations à la communication – constitue pour nous la base même de la réussite de tout type de projet, quelle que soit son importance. Au-delà de ce mot, nous entendons respect de l'autre, réelle compassion (au sens étymologique du terme : être avec passion auprès de celui qui souffre). C'est la création de ce contexte de « gentillesse » qui va permettre, mais pas seulement, de changer, d'évoluer.

De la même manière, ce ne sont pas les qualités individuelles d'une équipe qui font sa force, mais l'égrégore, l'entente relationnelle des hommes de l'équipe, qui permettent la performance commune. On a déjà vu des équipes assez faibles sur le plan technique gagner parce qu'il y avait, en leur sein, une confiance partagée, un respect du cadre et des règles, de la part de tous. Erickson explique que le processus relationnel qui lie les individus est toujours plus important que le contenu de ce qu'ils se disent. Tout est dit !

Le meilleur des entraîneurs sportifs est celui qui sait créer une belle relation avec son équipe, et qui parvient ensuite à la faire vivre et à l'entretenir entre les membres.

Les grands hommes sont des hommes, avant d'être des stratèges.

Ils ont la tête bien faite avant d'être bien pleine.

Les bons professeurs sont ceux qui maîtrisent le contenu de leur matière, évidemment, mais qui, en outre, ont la capacité humaine à « faire du sentiment », dans le bon sens du terme.

Le meilleur des entraîneurs sportifs est celui qui sait prendre le temps de créer cette relation de confiance et de proximité avec son équipe, et qui parvient ensuite à la faire vivre et à l'entretenir entre les membres de son équipe. Il reste connecté à eux et sait les garder connectés… gentiment !

Albert Jacquard et la générosité relationnelle

Albert Jacquard souligne (en substance) : « *Se rencontrer est le propre de l'homme. L'humain est un être doué pour la rencontre. Interdépendant, il est ce qu'il devient dans l'aventure de ses rencontres. C'est pourquoi la singularité de chaque humain se situe moins dans ce qu'il a reçu de la nature que dans l'usage qu'il a été capable d'en faire en participant à la communauté humaine.* »

Par ces mots, Albert Jacquard enfonce le clou de ce qui fait la base de notre travail, de ce que nous vous proposons de tester et de mettre en scène à votre façon : « *La vraie générosité doit être sincère et refuser les faux-semblants. Elle consiste à se mettre à l'écoute de l'autre en ne lui cachant pas la diversité des réactions qu'il provoque en nous. C'est-à-dire en lui accordant une part de ce qui est souvent le plus précieux : le temps dont nous disposons et qui si vite s'enfuit [..]. La générosité est le nom que l'on donne à l'attitude qui est au fondement de la construction de chacun : l'ouverture à ce que nous apporte l'autre, même lorsque cet apport nous paraît inquiétant, voire dangereux. Toute rencontre comporte un risque. Être généreux, c'est affronter ce risque.* »

La belle relation naît du respect, de la compréhension, du partage, de l'échange, de la compassion et même de l'affection. Elle se nourrit de l'attention portée à l'autre, d'authenticité et de parler vrai, de gentillesse.

Carl Rogers et son exceptionnelle capacité d'écoute

Carl Rogers explique (toujours en substance) : « *L'individu possède en lui-même des ressources considérables pour se comprendre, se percevoir différemment, changer ses attitudes fondamentales et son comportement vis-à-vis de lui-même. Mais seul un climat bien définissable, fait d'attitudes psychologiques facilitatrices, peut lui permettre d'accéder à ses ressources.* »

Sans l'obsession d'une relation bienveillante, et surtout non marchande, l'échange sera, à plus ou moins long terme, voué à l'échec.

La condition *sine qua non* à la création de ce climat est la bienveillance. Sans cette obsession d'une relation bienveillante, et surtout non marchande, l'échange sera, à plus ou moins long terme, voué à l'échec. Pire, la tentative de rapprochement pseudo-gagnant-gagnant laissera place à un vide abyssal.

Carl Rogers précise qu'il y a trois conditions requises pour qu'un climat soit favorable à la croissance de l'individu ou, par extension, à la réussite d'un projet mené par des individus et ce, quel que soit le genre de la relation – relation client-médecin, parent-enfant, leader-groupe, enseignant-élève, administrateur-administré. Ces conditions sont applicables partout où le développement de la personne est en jeu, et dans tout projet commun.

La première condition est la mise en place d'une relation d'authenticité (nous utiliserons aussi le synonyme de « congruence »). La deuxième, pour que les gens acceptent de bouger, d'avancer, de changer, est l'attention, l'estime, ce que Carl Rogers appelle le « regard positif inconditionnel ». Chaque fois qu'il est posé, il permet, comme par magie, de renverser des murs. Enfin, la troisième est le sentiment d'une compréhension empathique, au vrai sens du terme : comprendre réellement ce que vit l'autre et, surtout, être capable de le lui communiquer. L'amener à comprendre qu'il est profondément compris.

Les cartes sont entre vos mains

La relation de gentillesse et de confiance est, au fond, un sentiment qui libère. Lorsque l'on se sent en confiance – avec un autre –, on s'estime en général respecté ; on se sent pris en compte par l'autre. Il en résulte une ouverture totale à l'autre, parce que, tout d'un coup – ou plutôt finalement –, l'autre ne me veut rien d'autre que du bien…

Oui, je sais, ce n'est pas si facile d'établir des liens de gentillesse, de faire confiance, de créer la confiance. N'avez-vous jamais entendu cette histoire drôle : « Comment dit-on "Je vais te rouler" en langage commercial ? "Fais-moi confiance !" » Il suffit parfois d'une seule expérience négative pour casser, réduire en poussière ce fil de confiance si fragile, si léger. Notre tendance naturelle à la généralisation nous amène souvent à créer des raccourcis mentaux. J'ai été roulé une fois par un garagiste véreux ? Pour moi, tous les garagistes sont potentiellement véreux ! Jérôme Cahuzac a menti et, d'une certaine manière, volé l'État ? Tous les hommes politiques sont des voleurs ! Ce réflexe de généralisation, sur lequel nous reviendrons, est humain. Il explique la difficulté à être dans une relation de confiance.

Il est vrai que lorsque l'on ne connaît pas les gens, on n'est pas forcément naturellement en confiance. Le réflexe est à la défiance, à la vigilance…

Revenez quelques instants sur vos relations du jour, les gens avec lesquels vous avez travaillé, ceux avec lesquels vous avez échangé, ceux auxquels vous n'avez surtout pas parlé… Et répondez aux questions suivantes :

- Avec qui la relation « passait »-elle bien ?
- Avec qui avez-vous ressenti une impression désagréable de manque de confiance ?
- Avec qui vous êtes-vous spontanément senti à l'aise ? Quel était votre sentiment ? Vous êtes-vous senti pris en compte ? Quelle était l'attitude de votre interlocuteur ? son regard ? le ton de sa voix ?

Vous allez, de vous-même, pouvoir mesurer cette relation de confiance. En évaluant si, et avec qui, le contenu que vous deviez communiquer est passé… ou vous est resté sur les bras. Ou encore si, et avec qui, vous avez accepté ce que l'on vous a proposé… ou pas.

C'est vous, et vous seul, qui êtes capable d'observer, d'entendre et de ressentir la différence entre une relation de confiance et un contact plein de défiance. Nous le faisons naturellement. Pourtant, il est intéressant de comprendre que cette confiance, cet accès à la gentillesse, suit des processus, des modèles.

Manipulation ? Bien au contraire : invitation à l'authenticité

Oh, je vous vois venir, ou plutôt je vous entends penser : « Encore un guide du petit manipulateur pervers ! » Eh bien non, ce que nous voulons partager avec vous, ce n'est pas du tout ce type de relation. Nous savons, par expérience, que le contenu de ces lignes ne se communiquera, entre vous et nous, QUE si s'instaure, entre vous et nous, une vraie relation de confiance. Parce que vous ressentirez, derrière nos mots, avant les outils du simple spécialiste de la communication, l'authenticité de l'homme de cœur.

Chère lectrice, cher lecteur, faites-nous confiance ! (Et me reviennent, quand je prononce ces mots, ceux de Kaa, le boa du *Livre de la jungle* : « *Aie confianccccce. Crois en moi, que je puisse veiller sur toi. Fais un somme, sans méfiance. Je suis là, aie confiance.* ») Ah, un peu d'humour... On commence à se comprendre !

Chapitre 2

Prérequis pour que s'opère l'alchimie de la gentillesse

La gentillesse n'est pas un réflexe pavlovien

Le réflexe de Pavlov, tout le monde connaît. Ivan Petrovitch Pavlov tenta une expérience avec un chien. Il démontra que, lorsque vous donnez à manger à un chien et que vous accompagnez cette action d'un signal sonore (agiter une cloche dans son cas), il vous suffit ensuite de réactiver l'« ancrage sonore » (la cloche) pour déclencher, même sans la présence de nourriture, la salivation de l'animal.

La relation de gentillesse ne fonctionne pas comme un réflexe pavlovien parce qu'il suffit d'un seul acte malhonnête, malveillant, pour la remettre en cause. Ses aspects antinomiques sont surprenants : quand la relation de confiance est là, forte, vrai fil d'acier, elle permet tout ou presque. Elle est d'une solidité à toute épreuve, rien ne peut la détruire, casser ce fil. Mais elle est aussi extrêmement fragile. Quand l'acier se change en soie, on assiste en général à une métamorphose de la relation : on perçoit entre deux personnes – non pas une fois, mais de manière récurrente – des signes d'incompréhension ; un manque d'authenticité, des comportements inexpliqués, un moindre respect (des mots déplacés, des attitudes inappropriées), lesquels provoquent un sentiment d'insécurité.

> La gentillesse n'est pas un réflexe pavlovien car il suffit d'un seul acte malhonnête, malveillant, pour la remettre en cause.

Il suffit d'une seule fois, suffisamment violente, pour créer ce net sentiment d'insécurité, pour « perdre la relation », pour faire disparaître la confiance. Une bonne fois pour toutes. Aussi rapidement qu'un claquement de doigts. Jérôme Cahuzac en a fait les frais. La « seule fois » était d'une violence inouïe !

« Retournement » dans le milieu politico-financier

J'ai suivi de près les mésaventures de Pierre Botton. Une ascension sociale et financière dont presque tout le monde rêve, mais rapidement jalonnée de malhonnêteté (des « affaires » de financements douteux) et une dégringolade le plaçant non seulement face à lui-même, mais aussi face à ses proches, face à ceux qui l'avaient porté. S'en sont suivis procès et enfermement carcéral. Tout a été brutal et violent. Sans doute de nombreux proches se sont-ils sentis trahis, non respectés. Or, c'est justement dans la mise à l'écart déshumanisée qu'est la prison qu'il s'est construit une réhumanisation, qu'il s'est « solidifié », qu'il a retrouvé le chemin de la confiance – en lui, d'abord, mais aussi en l'autre.

Le retournement est extraordinaire. Il est devenu, à force de constance et de persévérance, l'inverse de ce qu'il avait démontré : un homme bienveillant, compatissant, GENTIL, généreux... aux antipodes de la forme de reconnaissance recherchée auparavant au travers de ses gains. De ses actes est né un sentiment de solidité et de respect. Il force le respect. Il est honnête non seulement avec les autres, mais aussi envers lui-même. Pas de faux-semblants, que du transparent. Il convainc, il séduit... et il est suivi dans sa volonté d'améliorer la vie carcérale.

> Pierre Botton est devenu, à force de constance et de persévérance, l'inverse de ce qu'il avait démontré.

Ancrage, quand tu nous tiens !

Durablement, Pierre Botton aurait pu rester, aux yeux des autres, l'homme qu'il était auparavant car les ancrages sont souvent tenaces. Mais, de même qu'une fois suffit pour tout détruire, une fois suffit parfois pour tout reconstruire. Mais cette fois-là doit avoir des qualités éclatantes !

> De même qu'une fois suffit pour tout détruire, une fois suffit parfois pour tout reconstruire. Mais cette fois-là doit avoir des qualités éclatantes !

En général, il faut plus d'une fois, car l'amour inconditionnel n'existe que dans le cadre de la relation filiale. Cet amour inconditionnel pardonne tout. Y compris ce qui pourrait casser, dans tout autre contexte, la relation de confiance.

> L'amour inconditionnel n'existe que dans le cadre de la relation filiale.

Une gentillesse innée chez l'enfant et dénaturée chez l'adulte

L'enfant n'a pas peur. Ses parents peuvent lui insuffler un sentiment de peur, par la projection de leurs propres peurs, mais il est naturellement en confiance, prêt à créer des relations de gentillesse, et attiré par l'autre. Il est lui-même naïf et innocent, et ne voit dans l'autre que complémentarité, expérience nouvelle et enrichissement. Bien sûr, il n'y réfléchit pas, surtout pas. Parce qu'il n'a pas « encore » mis en place suffisamment d'ancrages négatifs.

Récemment, je suis parti en déplacement en Tunisie. Dans l'avion qui me conduisait à Tunis, j'ai assisté à une scène extraordinaire. Oh, rien de réellement extraordinaire pour celles et ceux qui portent un regard désabusé sur les petites expériences de la vie, mais pas pour moi qui suis sensible à ces instants de pur bonheur. Assise à ma gauche, avec sa grande sœur et sa maman, une petite Amandine, âgée de 4 ou 5 ans, espiègle, se chamaillait avec sa sœur. Leur mère tentait de les calmer, mais rien n'y faisait – sans doute l'excitation des vacances qui commençaient et la perspective du voyage. Pas loin de nous, un petit garçon tunisien qui ne parlait pas un mot de français. Il était aussi brun aux yeux noirs que la petite Amandine était blonde aux yeux bleus. Est alors survenu, sous nos yeux, un miracle de la relation, un prodige de la confiance innée : nos deux malicieux ont commencé à jouer ensemble et ça a duré pendant tout le vol. Leur complicité s'est même prolongée dans l'aéroport, dans la queue de la douane ! Ils jouaient, joyeux et créatifs. Ils avaient le sourire et, sans parler la même langue, parlaient le même langage du cœur et de la spontanéité. Pur moment de béatitude !

> Chacun, avant l'apparition des ancrages négatifs, a cela en lui : cette nature qui le pousse vers l'autre, de façon transparente et simple.

Vous voyez, avant l'apparition des ancrages négatifs, chacun a cela en lui : cette nature qui le pousse vers l'autre, de façon transparente et simple. Cette naïveté extrême qui ne laisse pas de place au sentiment de danger. Cela ne veut pas dire que les gosses vont forcément bien s'entendre. Ils vont sans doute expérimenter la frustration, l'individualisme. Mais, malgré cela, ils vont se rapprocher ; il y aura ce mouvement de va-et-vient, entre plaisir du partage et égoïsme, mais jamais la relation ne se perdra totalement.

Nous sommes tous des êtres doués de cette capacité relationnelle, au-delà de la langue. C'est pour cela que je m'insurge lorsque j'entends tel ou tel spécialiste de la communication ou du management dire : « Je vais vous apprendre à créer la confiance. »

Créer la confiance, une relation de respect, implique d'être spontanément et *a priori* en confiance. D'être spontanément et *a priori* gentil ! Voilà la « recette » infaillible : accepter simplement d'être en relation avec l'autre. Sans peur, sans préjugé. Le simple fait de penser « négatif », d'imaginer ce que l'autre – que je ne connais pas – pourrait me faire de malveillant, va entraîner chez moi, de manière totalement inconsciente, des comportements et des microcomportements que l'autre captera, consciemment ET inconsciemment, pour réagir lui-même, s'il est aussi dans ce réflexe de méfiance et de peur, dans la crainte. Et voilà comment se crée… une relation de défiance.

> Créer la confiance, une relation de respect, implique d'être spontanément et *a priori* en confiance.

Les vases communicants entre pensées, comportements et émotions

Mes pensées, ma manière d'appréhender un événement influent sur mes comportements, le choix de mes mots, mais aussi sur mes émotions. Ces trois composantes sont intimement liées. Vous ne pouvez pas avoir une pensée négative sans l'exprimer par des gestes ou des mots, et sans être atteint par les émotions qui en découlent. Si vous pensez « peur », vous montrez de la « peur », vous parlez « peur » et votre cœur bat la chamade, parce que vous êtes effrayé !

Voilà pourquoi être dans une relation de confiance ne s'apprend pas. Cela se fait naturellement. Encore faut-il connaître ce « système », ce modèle cybernétique : les pensées, les comportements et les émotions font partie d'un tout, sont interdépendants.

> On ne peut pas avoir une pensée négative sans l'exprimer par des gestes ou des mots et sans être atteint par les émotions qui en découlent.

Ce qui est extraordinaire, lorsque vous comprenez la portée de ce modèle, c'est que votre regard sur les autres n'est plus le même. Bien sûr, vous ne saurez jamais ce qu'un tel ou une telle pense réellement de vous, car nous ne sommes pas (encore) doués de la capacité de « lire » dans les pensées d'autrui. Mais vous saurez – enfin ! – prêter une attention plus précise à l'autre pour mieux le cerner et, surtout, vous réaliserez que ce qui marche en observant les autres marche aussi quand eux vous observent. Vous saurez que l'autre peut « lire » vos comportements pour savoir si vous êtes ou non authentique, « congruent » (si ce que vous dites colle avec ce que vous montrez et pensez, nous reviendrons sur cette notion de congruence) et, du coup, digne de confiance ou non !

L'autre peut « lire » vos comportements pour savoir si vous êtes congruent ou non et, du coup, digne de confiance ou non.

Chez l'enfant, les pensées pures et simples influencent de manière pure et simple les comportements, les mots et les émotions. Il est « transparent », dans le bon sens du terme. On lit en lui « à livre ouvert ».

Celui qui est « lisible », visible, est, par définition, authentique. C'est notre relation au pouvoir, éventuellement aux enjeux financiers, qui pervertit la donne. Être « lisible » semble aujourd'hui une faiblesse aux yeux des gens de pouvoir. Je forme souvent de jeunes étudiants d'écoles de commerce – EM, HEC – à qui je donne un conseil, un seul : tentez de garder votre naïveté. La même que celle de ces deux enfants qui jouaient à côté de moi dans l'avion. Ils parlaient une langue commune : celle du cœur !

Être « lisible » semble aujourd'hui une faiblesse aux yeux des gens de pouvoir.

Pour créer une relation de confiance et être capable de l'entretenir durablement, surtout ne récitez pas votre leçon : soyez simplement congruent et utopiquement naïf, et gardez à l'esprit ce modèle que nous venons d'expliquer. Et si, par malchance, vous vous apercevez que la relation de confiance ne s'établit pas ou qu'elle s'est effritée, et que votre contenu, votre message, ne passe plus ou pas, n'envenimez pas les choses : arrêtez d'insister et revenez à la relation.

Si votre message ne passe plus ou pas, n'envenimez pas les choses : arrêtez d'insister et revenez à la relation.

Nous ne vivons pas tous dans le même monde

La plus grande erreur, celle dans laquelle nous baignons depuis notre plus jeune âge parce qu'on ne nous a jamais appris à nous en défaire, c'est de croire que nous vivons tous dans le même monde. Nous généralisons à outrance et nous imaginons que nous vivons globalement les mêmes choses parce que nous sommes de la même manière confrontés aux mêmes informations, aux mêmes événements parfois. La confusion vient de nos similitudes. Essentielles, me direz-vous. En effet, nous sommes tous faits de chair et d'os, d'eau, de muscles et d'organes, nécessaires à notre vie et à notre survie. Vive les sciences naturelles ! Oui mais... Nous sommes aussi tous différents dans le « genre » humain. Il y a parfois des ressemblances, mais nous sommes riches de notre caractère unique. Et qu'il est formidable d'être unique !

Donc, malgré ce caractère unique, nous sommes semblables. Enfin, c'est ce que nous croyons spontanément. Car, à nous y pencher un tant soit peu de plus près, nous savons bien que non. C'est tellement évident ! Pourtant, nous continuons de penser que nous et les autres, nous et nos collègues les plus proches (on y croit !), vivons dans la même entreprise, donc dans le même monde.

Désolé, nous allons briser ce doux rêve, cette exquise illusion : chacun de nous est aussi unique physiquement qu'il l'est mentalement, expérimentalement. Aucun de nous ne saisit le monde qui l'entoure de la même manière, bien que nous soyons tous dotés de cinq sens au minimum (sans compter le fameux

Chacun de nous est aussi unique physiquement qu'il l'est mentalement, expérimentalement.

« sixième »). Car nous avons des façons de nous en servir très différentes, très individuelles. Ce qui nous amène, alors que nous vivons une expérience en un lieu et en un temps communs, à en retenir des informations parfois similaires, mais souvent très distinctes, voire divergentes – d'où le manque de fiabilité des dépositions de témoins, forcément divergentes.

D'une expérience vécue ensemble, nous retiendrons donc des informations visuelles, auditives, kinesthésiques (ressentis, toucher, impression de chaud/froid, sensibilité proprioceptive), olfactives et gustatives différentes à coup sûr. Chacune de ces informations sera immédiatement confrontée à nos propres expériences passées. Qui, entre nous soit dit, sont bien plus souvent différentes que similaires (pour ces mêmes raisons !). En même temps, nos expériences passées, nos ancrages influencent inconsciemment et consciemment la manière dont nous allons être attentifs au contexte extérieur. Comment, en étant si différents, pourrions-nous être dans le même monde ?

Comment, en étant si différents, pourrions-nous être dans le même monde ?

Les choses se compliquent encore puisque nous vivons un troisième filtrage, celui parfois très pesant de notre éducation, de notre culture personnelle, professionnelle. En effet, nous ne partageons pas toujours les mêmes valeurs. Vous ne ressentirez pas les « choses » de la même façon si, tout comme moi, vous avez été élevé dans une famille méditerranéenne ou si vous êtes du nord de la France. Vous n'aurez pas les mêmes réactions et vos expériences seront, par éducation et par culture interposées, différemment vécues. Êtes-vous formé/formaté « école de commerce », « école d'ingénieurs », monde de la médecine, de l'enseignement, des entreprises privées, des entreprises publiques ?

Notre monde nous appartient, nous le créons en fonction de ce que nous avons ou non expérimenté. Les deux enfants qui jouaient dans l'avion le faisaient naturellement et sans complexes parce qu'ils n'avaient pas l'expérience ni la culture de leurs parents. Ils se permettaient ce que vous n'osez même pas imaginer : par exemple, être dans la queue d'un cinéma, adresser la parole à vos voisins de file d'attente et leur demander s'ils aiment les films de tel metteur en scène, ou ce qu'ils adorent grignoter à l'entracte...

Cap ? Non, bien sûr. Parce qu'en grandissant, vous avez perdu la naïveté de votre ouverture à l'autre ; vous avez fait de l'expérience de la rencontre une pratique exceptionnelle. Vous avez perdu votre « congruence naturelle ». Mais rassurez-vous : ce que vous avez su faire, vous saurez le refaire. À condition de le vouloir vraiment et de vous entraîner.

Votre manière d'agir, de vous comporter avec les autres, sera directement liée non pas au factuel, au réel, mais à l'idée que vous vous faites de ce réel. Idée qui, elle, dépend directement de ces trois « cribles » : vos cinq sens, vos expériences et votre culture.

Décider d'aller vers l'autre est l'incontournable condition d'une possible alchimie relationnelle.

Bref, vous avez bien conscience de ce fossé qui vous sépare de l'autre. Et vous pouvez ainsi mesurer à la fois la distance qui vous isole de lui et, formulé de façon positive, le chemin qu'il vous faut parcourir pour créer la proximité, le fossé de compréhension et de confiance qu'il vous faut combler. Car décider d'aller vers l'autre est l'incontournable condition d'une possible alchimie relationnelle.

Vous avez donc le choix entre oser libérer vos envies de rencontres (que vous vivrez comme une aventure exceptionnelle) ou, au contraire, conserver une certaine immobilité nourrie de l'angoisse de vous exposer aux regards, aux critiques, aux éventuels coups de vos interlocuteurs.

Ce ne sera pas la réalité qui vous limitera, mais l'idée que vous vous en faites. Voilà un premier secret d'alchimie !

Ce ne sera donc pas la réalité qui vous limitera, mais l'idée que vous vous en faites. Voilà un premier secret d'alchimie !

Raymond Domenech, le « transparent » incompris

Lors de ma collaboration avec Raymond Domenech (dans les années 1990-2000), j'ai pu constater à quel point il avait su, petit à petit, passer d'une représentation limitante, mais rassurante pour lui (une non-relation aux autres par hermétisme protecteur), à une ouverture naturelle. Quand cet homme-là ressent la congruence de son interlocuteur, il libère une formidable énergie de confiance et est (gentiment !) capable de déplacer des montagnes. Ce qui lui est impossible, en revanche, lorsqu'il se sent visé, attaqué, comme ce fut le cas au quotidien par le monde médiatico-politico-sportif. Nous l'avons vu être capable du meilleur comme du pire. Du pire, entendons-nous bien, par nécessité de se protéger soi-même. Personne ne peut rester confiant, calme, ouvert et naturellement gentil face à un monde médiatique non congruent. L'histoire démontre d'ailleurs que ses successeurs, entraîneurs de l'équipe de France, ont eu souvent du mal à faire mieux que lui.

J'irais bien voyager dans ton monde

Comment aller à la rencontre des autres ? Et comment oser affronter ce que ces rencontres vont nous révéler sur nous-mêmes ? Pourquoi, comme le disait Albert Jacquard, tenter cette aventure ?

Encore une fois, nous vous proposons de vous remémorer des

aptitudes innées, des connaissances naturellement présentes en chacun de nous ; réapprenez à écouter, à observer et à être centré sur l'autre.

Souvent, les projets bloqués le sont non à cause de problèmes techniques, mais en raison de problèmes humains, de « communication » dit-on, de « relation » dirais-je. Pas une fois les projets bloqués que j'ai accompagnés ne se sont « libérés » sans prise en compte des vrais problèmes relationnels.

Voici l'un des derniers exemples en date.

Histoire de deux mondes qui se regardent de loin

Sans entrer dans le détail (confidentiel) de ma collaboration avec l'une des *business units* d'AREVA, disons qu'un projet concernant la *business unit* et l'un de ses partenaires était totalement coincé, n'avançant plus ou peu, ou parfois en marche arrière. Il s'opérait un tel niveau de méfiance entre les deux structures que rien, pas même les efforts des deux patrons, ne permettait l'avancement des choses. Les conséquences ? Au-delà de l'énergie dépensée et de la souffrance extrême des équipes, beaucoup de temps perdu, de l'argent aussi, bien entendu, mais surtout le risque – commun – de perdre définitivement le client, qui était, lui, suspendu au bout de la chaîne... Et ne supportait plus ce qu'il vivait au quotidien avec ses « fournisseurs ». Une filiale dans le Sud-Ouest, l'autre en Provence, et la direction générale à Paris. Bref, un magnifique contre-exemple de proximité. La raison essentielle de ce climat délétère ? Pas de relation de gentillesse, pas de relation de confiance, pas de relation du tout... L'un pensant que l'autre ne respectait pas les prix, et l'autre s'imaginant que le premier exagérait et passait son temps à demander des travaux nouveaux non compris dans le contrat de départ. Mais personne autour de la table pour en discuter. Chronique d'un échec annoncé !

Sans compter les jeux de pouvoir, les contraintes politiques, les manipulations et tentatives d'intimidation en tout genre, les préjugés... Bref, la guerre, la défiance. Subsistait néanmoins une lueur d'intelligence chez les collaborateurs avec lesquels nous avions travaillé quelques années auparavant, qui soumirent à leur direction l'idée que, compte tenu de la situation intenable, voire inhumaine, il fallait se faire aider... Comme l'on va chez le dentiste au bout du bout de sa souffrance, lorsque l'abcès n'est plus supportable.

Notre premier travail consista à rencontrer les acteurs des deux équipes pour créer une relation objective de confiance et de proximité. Comprendre, intégrer les points de vue, de toute façon légitimes, de tous (parce qu'aucun point de vue n'est dépourvu de légitimité : qu'il ne plaise pas à l'autre parce qu'il dérange est une chose, mais sa légitimité est incontestable). Après avoir pris le temps de connaître les vécus, les cultures, les expériences des uns et des autres, nous organisons un débriefing commun. Notre position n'est pas celle du conciliateur, mais bien de l'entremetteur, celui qui permet la rencontre. Notre rôle consiste à favoriser la prise en compte du monde de l'autre, sa compréhension même, et une réhumanisation, au-delà des contrats et des euros, même si l'aspect factuel reste incontournable.

En racontant l'histoire de chaque équipe et ce que nous en avons retenu, chaque participant découvre l'étendue... de sa propre ignorance de l'autre ! Le fournisseur découvre que le choix de sa proposition a été contraint et forcé à la suite de la suppression d'un métier, ancien, chez AREVA. Et AREVA découvre à quel point ce fournisseur a fait tous les efforts du monde, financièrement mais aussi humainement, pour aider à l'avancement du projet. La distance géographique et cet aspect jusque-là ignoré de la raison réelle d'une orientation extérieure ont eu raison de la relation de confiance.

Écouter, la posture à la base de tout

Écouter, vous savez ce que cela veut dire ? Oui, me direz-vous. Par ailleurs, vous connaissez la différence entre regarder et voir, n'est-ce pas ? Eh bien, de même que « regarder » implique bien plus d'attention que « voir », « écouter », c'est bien plus qu'entendre sans y prendre garde. Écouter, c'est regarder avec les oreilles, c'est faire l'effort de se fixer sur l'autre.

Vous écoutez lorsque votre interlocuteur vous confie souffrir d'une attitude que vous avez eue à son encontre et que vous cessez de lui dire : « Mais non, tu te fais des idées. »

Vous écoutez lorsque vous supprimez de votre vocabulaire l'expression : « Je ne suis pas d'accord. »

Vous écoutez lorsque quelqu'un a un point de vue très différent du vôtre et que, passé la réaction première d'étonnement, vous décidez d'explorer son monde, de le questionner pour comprendre de quoi est faite son expérience. Et cela bien avant de porter un jugement sur ses dires, qui, s'il est rendu trop tôt, se révélera à coup sûr faux et « désynchronisé », c'est-à-dire pas en relation avec l'autre, mais avec vous seul !

> Écouter vraiment l'autre vous empêche d'avoir envers lui, d'emblée - comme un réflexe pavlovien -, un regard, une pensée critique.

J'insiste et vais plus loin. Le fait d'être à l'écoute de l'autre vous conduit à vous intéresser à son monde et débouche sur un dénouement inattendu : il amène votre interlocuteur à se sentir pris en compte, respecté dans ses croyances profondes, dans ses choix. L'écouter vraiment vous empêche d'avoir envers lui, d'emblée – comme un réflexe pavlovien –, un regard, une pensée critique. Cette pensée critique qui, rappelez-vous, amène immanquablement un comportement de penseur critique, voire des mots de critiques, et des ressentis de « critiqueur ». Donc une attitude extérieure à son monde. Alors que, nous l'avons vu, il est question de ce lien indicible entre vous et l'autre, lien magique qui se crée et se défait tout au long de la discussion et qui tient à un fil : votre capacité, ou pas, à l'écouter vraiment.

Prenez le temps, de manière congruente, de considérer les attitudes, les mots, les comportements de votre interlocuteur. Vous créerez alors, simplement, les bases de la relation de gentillesse qui fonde la confiance. Qui ne se sent pas en confiance face à quelqu'un qui l'écoute vraiment, distinctement, profondément ?

Même si vous aimez l'autre, même si vous le respectez, même si vous l'appréciez, vous n'aurez jamais l'occasion de lui faire passer une nouvelle idée, une nouvelle manière de se comporter, si vous ne prenez pas ce temps indispensable d'écoute, de compréhension, de « compassion », au vrai sens du terme (*« Sentiment qui incline à partager les maux et les souffrances d'autrui*[1] *»*).

Histoire personnelle d'écoute et de mise en « gentille » confiance

Vous souhaitez faire passer un « contenu », quel qu'il soit ? Assurez-vous qu'il y a entre vous et l'autre, les autres, une « bonne » relation. Si elle n'est pas constatée, alors stoppez vos efforts, car même si ce que vous proposez est juste, rien ne passera. Cet axiome est valable en face à face, mais aussi en *« system to system »*.

Je vais vous raconter une histoire vécue. Un soir, alors que je dîne

1. Source : dictionnaire lexicologique www.cnrtl.fr.

avec ma fille Cloé, majeure, elle m'interpelle : « Papa, je voulais te dire que la semaine prochaine, j'irai me faire tatouer. » Mon premier réflexe est celui du parent attentif, bien qu'inquiet. Je m'entends, en mon for intérieur, lui dire qu'elle est folle et irresponsable, qu'elle n'a réfléchi à aucune des conséquences possibles. Je trouve cela dommage. Mais je suis prêt à respecter sa décision. Depuis toujours, je me suis attaché à instaurer avec elle une véritable relation de respect, de gentillesse et de confiance. Je n'ai jamais considéré qu'elle ne pouvait pas comprendre certaines choses. Tout ce qu'elle aborde est nécessairement important pour elle. Parce qu'elle l'aborde. Lorsqu'elle me demande ce que je pense de cette idée de tatouage, je déroule – comme à mon habitude – tous les gestes, les attitudes de la compréhension, de l'écoute réelle et profonde. De manière congruente (sinon, cela ne sert à rien !), je prends le temps de comprendre comment elle en est venue à cette envie. Elle me parle de sa copine de classe qui a un tatouage, de ses amis proches. Quand je l'interroge sur le modèle qu'elle souhaite se faire tatouer, elle me répond : « Un petit pharaon au bas du dos pour rappeler mes lointaines origines égyptiennes, remontant à mon arrière-arrière-grand-mère. »

Nous parlons de cette belle histoire familiale, histoire d'amour d'ailleurs. Je lui raconte comment son arrière-arrière-grand-père, tombé « raide dingue » amoureux de cette femme, lui donna rendez-vous un soir pour l'enlever – avec son consentement, mais certainement pas celui de son père – et l'emmener en Europe. Une histoire digne d'un film... et d'un tatouage !

Nous échangeons sans que jamais je ne m'inscrive en faux contre cette idée qui revêt vraiment un sens pour elle. Cloé est attentive et à mon écoute, autant que je le suis avec elle. Nous avons ce fil magique, entre elle et moi, qui permet de faire passer toutes les idées. Je lui demande alors si elle a réfléchi aux éventuelles conséquences du tatouage. Immédiatement, elle bondit en me rétorquant : « Oui, je sais, tu vas me dire que je me traînerai mon pharaon toute ma vie ! » Je réponds qu'effectivement il y a de cela, mais que je lui fais confiance pour gérer ce point. Et je me risque à soulever une autre conséquence, cette fois médicale. Un tatouage au bas du dos anéantit la possibilité d'une péridurale lors d'un accouchement. Les anesthésistes ne veulent pas prendre le risque. Cloé paraît surprise, elle ne le savait visiblement pas. Je me glisse dans la brèche. Pour ses prochains petits emplois de mannequinat, a-t-elle pensé au fait que ses employeurs ne seront peut-être pas enchantés de faire défiler une « tatouée » ? Quoique… C'est juste une éventualité !

Je ne savais absolument pas si mes idées feraient mouche ou non. Je n'étais certain que d'une chose : si je ne prenais pas le temps de l'écouter, de la comprendre, de la questionner, de m'intéresser vraiment à son cheminement, mes critiques n'auraient aucune chance d'être prises en compte. Nous en revenons à notre adage : la relation prime sur le contenu. Aujourd'hui, elle n'est toujours pas tatouée !

Une histoire professionnelle

L'objet de mon voyage en Tunisie, déjà évoqué plus haut, fut d'être appelé « au chevet » – c'est le mot – de la structure fabrication d'une entreprise franco-américaine spécialisée dans un domaine très technique, électrique. Électrique, c'est aussi l'ambiance qui m'avait été décrite par le responsable de l'entreprise. Électricité entre les cultures, électricité entre les femmes et les hommes du staff de direction. La structure était composée d'une équipe partagée, pas en deux parties égales : d'un côté, un homme isolé, Thierry, nommé par « la France », ne dépendant d'ailleurs pas du patron de la Tunisie (lui-même français), mais du responsable de production française ; de l'autre, le reste de l'entreprise. Après quatre ans de présence, l'« homme seul » avait réussi à se mettre à dos la grande majorité des membres de l'équipe. Pourtant, de l'aveu même de ses collaborateurs – que nous avions pris la peine d'écouter (pas d'entendre !) –, ses compétences techniques, ses connaissances étaient indispensables aux bonnes pratiques et à la réussite des objectifs de qualité fixés par l'entreprise mère et le marché. Mais l'homme dérangeait. Sa manière de dire les choses dérangeait. Personne ne comprenait comment ce garçon avait pu évoluer de la sorte et prendre des positions aussi marquées. Il était capable d'insulter les collaborateurs à qui il « avait expliqué trois fois la même chose », perdait patience. Ses mots et ses actes allaient parfois culturellement à l'encontre de ses collaborateurs tunisiens. Tout était bloqué. Rien de ce qu'il avait – son or technique – ne passait. Tout était pris pour de la m...e. Comme d'habitude dans ces cas-là.

Notre démarche consista, *via* des échanges de paroles, d'abord en face à face puis en groupe (le staff), à mettre Thierry en confiance par notre objectivité, notre non-jugement et notre respect. Il se mit à raconter comment il avait vécu son arrivée à Tunis. Il nous apprit, à la surprise générale, qu'il avait été recruté avec une mission, un rôle (c'est l'idée qu'il s'en est faite) : être un inspecteur des travaux finis. Il le serait donc jusqu'au bout. Il se sentait même totalement légitime, puisque c'était une demande de « la France ». Tous ses comportements collaient parfaitement avec cette idée. Pour être un inspecteur, il serait un sacré... emmerdeur ! Qui réussira, mais échouera.

Thierry est devenu inspecteur, mais rien de ce qu'il a à transmettre ne passe. Il n'en peut plus de son isolement, souffre de cette ambiance détestable. Il se rend parfaitement compte de l'« étendue des dégâts ». Chacun a construit de tels ancrages depuis des années qu'il se demande s'il peut encore « changer son fusil d'épaule ». S'il peut encore changer vraiment, profondément. Au fur et à mesure des journées de formation et de séminaire passées ensemble, il se révèle être l'homme qu'il est vraiment. Il joue le jeu avec franchise. Il est honnête avec les autres, mais surtout avec lui-même. Il va même faire preuve d'humilité. Il se montre authentiquement authentique. Nombre de participants sont prêts à croire à son changement. Mais les ancrages sont tellement profonds que, malgré les constatations de progrès, certains restent méfiants, conservent leurs « ornières mentales » et pensent que s'il adopte de nouveaux comportements, c'est pour mieux les tromper.

Quand la première partie du travail se termine, nous faisons un tour de table (je précise que, concrètement, avec moi il n'y en a pas car j'estime que les tables gênent la communication, se posent comme des barrières derrière lesquelles les gens se cachent) et Thierry intervient en deuxième : « Je tiens à vous présenter mes excuses pour vous avoir fait vivre ces quatre dernières années péniblement. J'ai compris à quel point j'ai pu être insultant, désagréable. Je veux juste vous dire que je ne suis pas comme cela naturellement, que je me suis senti légitimement investi de ce rôle d'inspecteur. Et sachez que si vous voulez encore de moi, je vais maintenant me comporter non plus comme ce contrôleur, ce flic, mais comme une ressource, une aide, un acteur pour nous pousser tous au progrès. »

À ces mots, qui sonnent vrai, paisiblement formulés, plusieurs cadres réagissent immédiatement. L'un d'eux s'exclame : « Non seulement j'accepte tes excuses, mais je te présente aussi les miennes, pour avoir alimenté ce contexte délétère sans avoir tenté d'en sortir. » Un deuxième prend la balle au bond : « J'accepte aussi tes excuses et sache que je suis touché par ta sincérité. » Il y avait de la larme dans l'air, beaucoup d'émotion. D'un seul coup, la relation paraissait renaître de ses cendres.

Que retenir de ce dénouement ? Il n'a été possible QUE parce que chacun a pris le temps d'écouter et de comprendre, sans jugement, le monde de l'autre. Encore une fois, cet acte de rapprochement, s'il est authentique et congruent, permet de (re)créer la relation de gentillesse et la confiance qui vont rendre possible l'acceptation du contenu. Il n'y a pas d'alternative, c'est le SEUL chemin.

> L'acte de rapprochement permet de (re)créer la relation de gentillesse et la confiance qui vont rendre possible l'acceptation du contenu.

Attention : les mots n'ont pas la même signification pour tous

La relation de gentillesse implique de parler la même langue ? Eh non ! Désolé de bousculer cette idée reçue. Nous avons bien appris à parler le français de la même manière, nous avons tous suivi la même méthode de lecture, la « globale » ou la « syllabique », nous avons tous reçu fièrement notre premier *Larousse des débutants*. Nous avons appris l'orthographe et la grammaire avec le Bled et le Bescherelle. Et nous avons prononcé ces mots en recourant à la lecture phonétique. Du coup, la conclusion semble évidente, le raccourci indiscutable : nous parlons la même langue.

Oui mais... Nous sommes raccordés aux autres par nos expériences, nos projets, les morceaux de vie que nous partageons, et notre langage verbal, nous le déclinons, selon les contextes, les cultures, en dialecte, en code, en patois.

Notre langue française nous lie... et nous éloigne. Bien utilisée dans les « règles de l'art », elle est une force, un merveilleux outil de partage, de rassemblement. Et même si le langage verbal ne représente que 7 % de notre mode de communication, dans notre esprit les mots comptent énormément, démesurément. D'ailleurs, dans notre mécanique profonde de réflexion, nous nous parlons à nous-mêmes avec la même structuration de

Notre langue française nous lie... et nous éloigne.

langage que celle que nous employons pour nous exprimer avec les autres.

Les mots sont des représentations virtuelles de notre monde réel, expérimenté. Nous mettons même en mots la mémoire des informations neurologiques que nous recevons (visuelles, auditives, olfactives, etc.). Chaque expérience est codifiée en mots dès que nous voulons non seulement nous la rappeler, mais aussi, dans un éventuel second temps, la partager.

Mais attention : les mots ne sont pas les choses qu'ils nomment ! Rester « coincé » sur la définition du dictionnaire ne permet pas une bonne compréhension de ce que l'autre veut dire. Considérons, par exemple, la notion de « stratégie » si vous échangez avec un collaborateur. La définition du dictionnaire ne vous permettra pas, à coup sûr, de partager une stratégie. Car, au-delà du terme codifié qui fait que nous parlons *a priori* de la même chose (*« Art d'organiser et de conduire un ensemble d'opérations prévisionnelles, et de coordonner l'action des forces sur le théâtre des opérations jusqu'au moment où elles sont en contact avec l'ennemi, le concurrent*[1] *»*), c'est surtout ce que chacun a accumulé au cours de ses expériences personnelles et professionnelles qui oriente la vision de ce qu'est la stratégie. Impossible, dès lors, de travailler sur la « stratégie » si nous ne prenons pas le temps d'échanger, de parler, d'écouter les uns et les autres sur ce qu'ils entendent par « stratégie ».

Et ce, d'autant plus que notre premier réflexe, naturel, sans même que nous nous en rendions compte, consiste non pas à essayer de comprendre ce dont parle l'autre, mais plutôt à interpréter les mots de l'autre. Nous ne faisons que très rarement l'effort d'éviter le passage direct à l'autotraduction et, donc, nous ne passons pas par l'étape « questionnement ». Or, le langage verbal utilisé par mon interlocuteur est un modèle de son monde, une représentation codifiée

Notre premier réflexe consiste non pas à essayer de comprendre ce dont parle l'autre, mais plutôt à interpréter les mots de l'autre.

1. *Ibid.*

par lui. Et les définitions standard ne nous donnent ABSOLUMENT PAS accès à ses expériences vécues.

Faites l'expérience suivante : dessinez ce que vous voulez et demandez à votre entourage ce que votre dessin représente : immanquablement, il vous dira « un vélo » ou « un chat », si c'est ce que vous avez dessiné. Mais jamais, spontanément, on ne vous dira : « Le dessin d'un vélo. » Nous nous comportons de la même manière avec les mots : comme s'ils étaient la réalité de ce qu'ils expriment.

Questionner pour clarifier et mieux se comprendre

Lors d'une récente formation, j'écrivis les mots suivants au tableau : « Je suis venu relativement rapidement. » Les stagiaires me connaissaient déjà. Je leur ai demandé de me dire ce que cela pouvait bien vouloir signifier. Le premier annonça : « Comme je sais que tu te déplaces à moto, je pense que tu es venu en deux-roues, mais que tu as dû rencontrer un bouchon. Sans doute dans le virage de Pierre-Bénite. » Un autre renchérit : « Pour moi, tu as eu du mal à te garer car, par ici, c'est compliqué. » Chacun y allait de son « interprétation ». Aucun ne pensa à m'interroger, à me questionner de façon ouverte. Il aurait pourtant été facile de me répondre : « Le sens que je donne à cette phrase n'a que peu d'importance. En revanche, je souhaiterais savoir :

- d'où tu venais ;
- comment tu es venu ici, si c'est bien de cela que tu parles ;
- ce que signifie "rapidement" pour toi ;
- et pourquoi tu uses de cette "relativité".

Voilà ce qui m'aurait plu. »

Voilà ce qui, naturellement, nous plaît. Parce que cette manière de questionner crée chez l'interrogé – en fonction du non-verbal employé, bien sûr, par exemple le ton – une impression de prise en compte, comme une marque de bienveillance, de sollicitude, de prévenance même !

Nous voyons tous les jours des relations se rompre, se fragiliser, simplement à cause de mauvaises interprétations des paroles de l'autre. Creuser le langage verbal, c'est donner la chance à la relation de se créer et de perdurer. Mais, au-delà, c'est le seul modèle de communication efficace et la seule possibilité d'un échange solide et constructif de contenu.

Creuser le langage verbal, c'est donner la chance à la relation de se créer et de perdurer.

Mettre à mal les imprécisions de langage par le questionnement « recadrant »

Nous l'avons vu, la relation de gentillesse se crée lorsque, vous intéressant à l'autre, vous savez le questionner. Elle se crée aussi lorsque vous tentez de ne pas vous limiter à vos jugements à l'emporte-pièce, lesquels découlent souvent d'imprécisions, dont les trois principales formes sont :

- les omissions ;
- les généralisations ;
- les distorsions.

Les omissions

Lors d'une omission, une partie de l'information est manquante, mais pas pour celui qui s'exprime, qui raconte son histoire. Il est tellement « dans son monde » qu'il en oublie, la plupart du temps inconsciemment, certains détails qui pourraient permettre aux autres de mieux percevoir ce qui s'est réellement déroulé. Ainsi, quand quelqu'un dit : « J'ai mal », on ignore où il a mal, depuis quand, quel est son mal, etc.

Autre forme d'omission plus convaincante. Une amie, récemment divorcée de son mari, me dit que celui-ci l'a laissée en panne sur le bord de la route. Je suis choqué et en veux à son mari. Je décide de mener mon enquête en interrogeant ce dernier, et j'apprends qu'en réalité mon amie lui a téléphoné pour lui demander de venir, mais comme elle venait de le traiter de tous les noms la veille, il a refusé... Quelqu'un de très gentil comme cette amie peut vouloir, inconsciemment, que je déteste son mari pour se conforter dans l'idée qu'elle a bien fait de le quitter.

Ainsi, certaines omissions peuvent porter à conséquence, d'autres moins...

Un individu peut aussi être vague dans ses descriptions en utilisant des mots comme « on », « les gens », ce qui ne permet pas de savoir à qui ou à quoi il fait référence. Il sera primordial de chercher à compléter les informations manquantes pour éclaircir la situation en posant des questions du type : où, depuis quand, combien, comment précisément, qui, etc.

On peut, en outre, noter une forme d'« omission du comparatif » quand la personne compare deux choses en oubliant de préciser quel est son cadre de référence, quels sont ses critères. Ce qui peut donner : « Je me sens bien mieux avec vous ! » Les questions à poser seront alors : « Par rapport à quel contexte, à quelles personnes ? », ou : « Qu'est-ce qui est mieux avec nous ? » Ou encore : « Comment vous sentez-vous habituellement avec ces personnes ? »

Avec nos interlocuteurs habituels, au travail ou en famille, l'utilisation de ce type d'imprécision pourra être vécue différemment, selon la relation que vous entretenez. Si celle-ci est bonne, vous vous contenterez de poser des questions pour obtenir les bons niveaux d'information, ou encore pour aider votre interlocuteur à « se dépasser », à reconstituer la totalité des faits. Pour lui permettre de prendre conscience de ses omissions et de s'exprimer mieux, donc de révéler aux autres combien il est intéressant !

Si la relation est mauvaise, ne « profitez » pas des omissions de votre interlocuteur pour le mépriser et vous conforter dans vos préjugés. Questionnez-le pour tenter de comprendre son point de vue, sans jugement *a priori*.

Les généralisations

Il s'agit d'une transformation du langage verbal dont notre société est championne. Cela consiste à transformer des informations factuelles, précises, en données globales et vagues à partir d'une expérience (et parfois d'une seule). Par exemple, en réunion, si quelqu'un utilise son portable, le « généralisateur généralise » sans s'en rendre compte : « Tu téléphones toujours en réunion. » Il a tendance à « fixer » l'information, à se confiner dans un mode de pensée.

Les questions posées auront alors pour objectif d'ébrécher, de briser cette généralisation pour amener l'interlocuteur vers de nouveaux choix qu'il ne voyait pas spontanément. Nous questionnerons donc : « Est-ce toujours, vraiment toujours ? », ce qui confrontera l'interlocuteur à son jugement rapide et souvent arbitraire. Ou nous chercherons un ou des contre-exemples comme : « Ne te rappelles-tu pas au moins une fois où je n'ai pas utilisé mon téléphone en réunion ? » Ainsi, la personne se sentira « recadrée » et vous lui aurez sans doute permis de changer sa vision des faits... Si, et seulement si, vous avez avec elle une relation de confiance. Sans quoi, et nous le verrons de façon marquée avec les « distorsions », vous serez perçu comme une personne manipulatrice, voire de pouvoir.

En politique ou dans le monde médiatique, vous entendez souvent l'expression : « Les Français savent bien que... » Or, quand un homme de gauche parle des Français, il parle juste des Français de gauche. Et *idem* pour la droite. Pire encore, car le résultat est désastreux : celui qui parle de l'« opposition » en l'insultant. Il fait une belle généralisation à partir de son propre monde, de son propre nombril. Il n'inclut pas ce qui représente quasiment la moitié de la population française. Délicat pour le « gentil » qui devrait s'attacher à créer la proximité et la confiance...

Autres exemples, issus de la vie de tous les jours. Parfois, les personnes se limitent (par généralisation de nécessité, de « possibilité ») avec des interjections de type : « Il faut », « Je devrais »,

« Je ne peux pas », etc. Voici alors le genre de questions pouvant démonter la généralisation « limitante »... et rouvrir les perspectives de solutions :

- À l'affirmation : « Il faut que je m'occupe de ce dossier », interrogez : « Que se passerait-il si vous ne vous en occupiez pas ? Vous en occuper, mais comment précisément ? »
- À l'affirmation : « Je ne peux pas faire ce que vous me demandez », questionnez : « Qu'est ce qui vous en empêche ? Que se passerait-il si vous le faisiez ? »

Les distorsions

La distorsion (processus de déformation de la perception que nous avons d'une information) est, par définition, le modèle utilisé pour pratiquer la créativité. Mais on est aussi capable de faire des distorsions mal à propos. À ce titre, évoquons la nominalisation : ce sont des « mots-valises », des concepts, que l'on comprend mais dont on change le sens uniquement à partir de ses propres expériences : la communication, la relation, la beauté, la rapidité, la force, l'amour, la liberté, le respect... Chaque mot prendra une définition spécifique en fonction de chacun. Faire préciser est alors le seul moyen d'éviter les confusions, mais aussi les quiproquos, les situations de « vaudeville ».

Faire préciser est le seul moyen d'éviter les confusions, mais aussi les quiproquos, les situations de « vaudeville ».

Autre cas de distorsion : lorsque l'on prétend « lire » dans la tête des gens, savoir très certainement « ce qu'il leur faut ». Cette forme de « divination » est, avec la généralisation, la manipulation involontaire ET volontaire exercée par nombre d'hommes politiques, de journalistes, de commentateurs ou encore de pseudo-experts. Il s'agit de faire dire à quelqu'un quelque chose qu'il n'a pas réellement formulé, autrement dit : *« On s'autorise à penser dans les milieux autorisés »* (ah, brave Coluche !). Par exemple : « Nous savons ce qu'il faut aux Français. » En fait, c'est juste une présupposition face à un agissement, qu'il sera donc primordial de vérifier pour en saisir l'authenticité. Nous pourrons questionner ainsi :

- « Comment le savez-vous ? »
- « Qu'est-ce qui vous fait dire cela ? »

Autre cas encore, les liens que l'on établit spontanément entre des contextes bien distincts, qui amènent à penser qu'ils sont réels, prédestinés. Inévitables. De nouveau, ce réflexe prive d'autres choix d'action ou de comportement. On est dans une logique de type : quand « x » se produit, cela entraîne « y ». Ou : « y » est entraîné par « x ».

Par exemple :

- « Il est en retard, il sera mauvais dans sa présentation. »
- « Quand on me fixe, je perds mes moyens. »
- « Regardez ce que vous m'avez fait faire. »
- « Le prospect ne me rappelle pas, il n'est pas intéressé par ma proposition. »
- « Raymond Domenech a lu la déclaration des joueurs, il est faible. »
- « Elle ne me regarde pas, elle ne m'apprécie pas. »

Nous pouvons stopper cet enchaînement de cause à effet en amenant notre interlocuteur à découvrir d'autres causes que celle qu'il a avancée. Nous lui demanderons :

- « Qu'est-ce qui, dans "x", permet à "y" de survenir ? »
- « En quoi le fait que Raymond Domenech ait lu la déclaration des joueurs implique-t-il qu'il est de mèche avec eux ? Qu'est-ce que cela peut vouloir dire d'autre ? »
- « Comment cet enchaînement se produit-il ? »
- « Est-il déjà arrivé que ceci ne cause pas cela ? »
- « En quoi le fait qu'elle ne te regarde pas implique qu'elle ne t'aime pas ? »
- « As-tu déjà connu des personnes qui ne te regardaient pas et qui, pourtant, t'appréciaient ? »

- « Quelle conclusion en tires-tu ? »

Si la personne avec laquelle vous échangez est « congruente » et honnête avec elle-même, elle ne pourra que conclure à l'absence de lien.

Vous l'aurez compris, être centré sur l'autre, l'écouter, le questionner permet à la fois :

- de nous rapprocher ;
- de créer une relation d'écoute, de confiance et de gentillesse ;
- et de mieux le comprendre en complétant les imprécisions.

Mais aussi de repérer, dans notre propre langage, nos propres modèles, nos *patterns* répétitifs. De quoi mieux nous connaître et faire émerger ce qu'inconsciemment nous nous cachons, ce que nous omettons dans notre contexte de vie ou ce que nous travestissons du monde réel et factuel. Que l'autre, face à nous, ne manquera JAMAIS de repérer. Parfois consciemment – parce qu'il aura été formé à ce mode de questionnement –, mais souvent inconsciemment. Auquel cas, il sera méfiant, vigilant...

C'est ainsi. On argumente, on rapproche le discours et les expériences de ses interlocuteurs des siens (au lieu d'essayer de comprendre leur point de vue), on répète inlassablement les clichés du « café du commerce ». Moments parfois plaisants, mais dont, souvent, chacun ressort plus que jamais renforcé dans ses positions.

Et, finalement, ce à quoi nous assistons à la télévision est généralement une juxtaposition d'idées et de points de vue, mais jamais leur partage. Ce qui est présenté comme un débat n'est qu'un combat, où aucun des protagonistes ne prend le temps de comprendre véritablement les propos de l'autre, de faire préciser de quoi est faite l'expérience de l'autre. Ça ne l'intéresse pas !

Nous vous le répétons : avant de vous lancer dans un questionnement (dans un objectif d'aide et de compréhension), il vous faut avoir une vraie relation de gentillesse, de confiance, de franchise et de bienveillance. S'y risquer sans avoir ce terrain propice, c'est aller droit à la catastrophe : le contenu « aide » sera pris pour un contenu « manipulation ».

Accepter l'autre de façon inconditionnelle

Je me risque à utiliser des mots choquants, surtout en entreprise. « Acceptation inconditionnelle... », vous y allez fort, mon ami ! Fort ? Tout dépend du cadre de référence. Dans le mien, c'est la base. Quand je pratique mon métier de communicant, quand je déroule une séance de *counseling*, je suis entièrement « tendu » vers l'autre, en le respectant dans ses choix et dans ses attitudes.

Le présupposé de « base » est que l'autre fait ses choix en fonction de sa réalité, de sa manière de voir le monde et d'appréhender ses expériences. Les comportements qu'il peut avoir et qui peuvent être dérangeants sont, par définition, légitimes pour lui. Il y trouve son intérêt, voire son bénéfice. Personne ne fait jamais rien sans y trouver un bénéfice.

Personne ne fait jamais rien sans y trouver un bénéfice.

Et la nature même de ce bénéfice le rend « intouchable », inattaquable. Faire changer quelqu'un sans prendre en compte son bénéfice, c'est l'amputer de sa capacité de créativité et de contact. Ce qui jaillit d'une relation où l'on ne respecte pas l'autre (dans son bénéfice), c'est la rupture IMMÉDIATE.

Ce qui jaillit d'une relation où l'on ne respecte pas l'autre (dans son bénéfice), c'est la rupture IMMÉDIATE.

Le « pouvoir » de Milton Erickson

Milton Erickson, dont nous parlions plus haut, avait cette extraordinaire capacité à accepter l'autre de manière réellement inconditionnelle, ce qui constitue l'un des ingrédients de la recette alchimique de la relation de gentillesse – seul moyen, rappelons-le encore et encore, de faire passer votre contenu. C'est pour cette capacité-là qu'il était souvent appelé au chevet de malades enfermés dans des asiles.

Un jour, j'ai entendu lors d'un stage en développement personnel une belle histoire sur Milton Erickson. Sans doute transformée, dénaturée avec le temps. Néanmoins, sa « substance » est intéressante. Il se retrouve face à un homme souffrant d'un dédoublement de la personnalité, qui se prend pour Jésus-Christ. Il vit tous les jours, non plus comme M. « X », John de son prénom, mais bel et bien comme Jésus. Il passe son temps à vouloir baptiser son entourage, attente à sa propre vie, se met en danger. Impossible de le faire revenir à la réalité. Plus les psychiatres traditionnels cherchent à le persuader qu'il est John X, plus cela le conforte dans l'idée qu'il est Jésus-Christ. Milton Erickson prend contact avec lui à contre-pied. Il se dirige vers lui et, d'emblée, lui dit : « Pardonnez-moi de vous importuner, ne seriez-vous pas Jésus-Christ ? »

Pour la première fois, John X n'en croit pas ses oreilles : il est reconnu ! Surpris, il répond : « Oui, effectivement, je suis heureux que vous m'ayez reconnu. Voulez-vous que je vous baptise ? » Erickson de lui répondre : « Non merci. Mais, en revanche, si mes souvenirs sont bons, vous êtes vous-même charpentier et fils de charpentier, n'est-ce pas ? » Et John, par la force des choses, répond : « Oui. » « Cela tombe bien, continue Milton Erickson. J'ai besoin de votre aide pour superviser des travaux qui ont lieu dans mon bureau. Seriez-vous prêt à me rendre ce service ? » John précise : « Sans aucun doute. Mais ici, ils sont persuadés que je suis fou. Je ne sais pas s'ils accepteront que je sorte de cette enceinte. » Et

Milton Erickson conclut : « Ne vous inquiétez pas, je m'en charge. » Erickson obtient, bien entendu, l'autorisation d'emmener John à son cabinet où, effectivement, une équipe d'ébénistes travaille à la réfection du bureau.

Durant quinze jours, John est au rendez-vous. Il donne des directives que les artisans s'empressent de ne pas mettre en œuvre, discrètement. Tous jouent le jeu. Et John le premier. Sa fixation se déplace bientôt vers une nouvelle obsession : celle de donner de bons conseils aux ouvriers, de maîtriser la technique du bois. Sa résistance est déplacée. Alors, Erickson change lui aussi de rôle, appelle John par son prénom et lui demande : « John, pourriez-vous, si cela ne vous dérange pas, m'apporter le livre qui est à côté de vous sur la table ? » Et John s'empresse de le lui apporter. Pour la première fois depuis longtemps, il est dans la peau de M. X, John de son prénom. Le tour est joué.

Au-delà de son aspect risible, cette histoire montre comment Milton Erickson est parti du présupposé, évident pour lui, que si John se prenait pour Jésus, c'est qu'il se vivait réellement comme tel. Accepter cela, c'était d'abord accepter de se rapprocher de John. C'était le seul moyen de créer une « bonne » relation, indispensable pour pouvoir, petit à petit, faire passer un contenu censé le ramener à la raison.

Abandonner certains réflexes

Rappelez-vous, personne n'agit sans en tirer un réel bénéfice individuel. Ce qui nous guide, et dont nous devons prendre conscience, ce sont nos réflexes d'autodéfense, les bénéfices individuels que nous voulons obtenir/conserver, qui sont souvent cachés, non dits, voire même inavouables ou inconscients.

Si votre collaborateur vous dit que la tâche qui lui incombe lui semble impossible, abandonnez votre premier réflexe, qui est de lui rétorquer : « Mais non, c'est simple ! » Vous le bloqueriez, ou même l'amèneriez à se croire un peu « stupide », puisque son propre patron estime cette tâche simple. Nouveau réflexe à adopter : considérer que, si cela lui semble difficile, c'est qu'il le vit comme tel. Faire prendre conscience à ce collaborateur qu'il existe une solution alternative passe d'abord par l'acceptation INCONDITIONNELLE de son point de vue. C'est le seul début possible à une issue favorable. C'est du Carl Rogers !

> Ce qui nous guide, ce sont nos réflexes d'autodéfense, les bénéfices individuels que nous voulons obtenir/conserver.

Dans la gestion du changement, nous savons maintenant qu'adopter cette posture est la base de la réussite : le changement est toujours accepté, à partir du moment où ceux qui doivent l'effectuer se sentent considérés, écoutés, compris, de façon inconditionnelle. Ce qui nécessite donc, encore une fois, de ne pas chercher à faire passer un quelconque contenu si vous vous apercevez que la relation de gentillesse et la confiance ne sont pas au rendez-vous.

Oui, cela prend du temps. Oui, nous vous entendons, à la lecture de ces mots, vous dire que vous n'êtes pas là pour faire du social, pour prendre ce temps qui – on ne le rappelle jamais assez – est de l'« argent ». Eh bien non, c'est un faux calcul. Les moments que vous saurez consacrer à cette écoute inconditionnelle et l'énergie nouvelle qui animera chacun vous feront gagner un temps précieux.

Chapitre 3

Les 16 attitudes indispensables à la relation de gentillesse

Entendons-nous bien. Il ne s'agit pas de vous donner la recette de l'alchimiste relationnel que vous n'aurez plus qu'à suivre et décliner. Même si connaître la recette est fort utile, elle ne marchera que si vous donnez véritablement de vous-même.

Donner de soi-même, c'est faire cet effort constant de ne pas prendre pour finalité, pour objectif premier, de faire passer son contenu, mais de s'attacher d'abord et avant tout à créer la relation de gentillesse et de confiance qui, ensuite, permettra de tout réussir – une nouvelle politique, un changement social.

Il s'agit de changer d'attitude, d'attitudes. En commençant par accepter l'autre – sa vision des choses, ses critères, ses valeurs et ses actes – de façon inconditionnelle. Un bon avocat au pénal se doit de comprendre son client pour bien le défendre. Il n'excusera pas ses actes, mais acceptera sans jugement le fait que son besoin irrépressible, voler pour se payer sa drogue par exemple, était pour lui légitime et obligatoire. C'est LE chemin de l'ouverture à l'autre.

Faire confiance *a priori*

Comme nous l'avons expliqué plus haut, le simple fait d'être gentil, et donc de faire confiance *a priori*, va inconsciemment vous amener à avoir des comportements congruents avec cette pensée. Celui qui fait confiance a une attitude confiante et inspire de la confiance en retour. Cela implique de… vous faire confiance. Ce qui n'est pas toujours simple. Plus vous aurez confiance en vous, et plus vous serez capable de faire confiance aux autres. En général, la méfiance vis-à-vis de l'autre est un signe de non-confiance en soi.

Cela ne dispense pas d'être prudent. Mais il y a une différence fondamentale entre le fait d'être prudent, c'est-à-dire vigilant, et celui d'être méfiant, c'est-à-dire soupçonneux.

> En général, la méfiance vis-à-vis de l'autre est un signe de non-confiance en soi.

Faire confiance *a priori*, c'est, comme le décrit si bien Alexandre Jollien dans son *Petit Traité de l'abandon*[1], s'abandonner à la confiance, avoir foi en soi et en la vie, sans peur. C'est aussi prendre les expériences que nous offre la vie du côté positif. Comme le fameux verre que l'on voit parfois à moitié vide, et parfois à moitié plein.

> Il y a une différence fondamentale entre le fait d'être prudent, c'est-à-dire vigilant, et celui d'être méfiant, c'est-à-dire soupçonneux.

La manière dont j'appréhende ma vie ne dépend pas de ma vie, mais de l'idée que je m'en fais. Si je pense qu'en faisant confiance sans connaître, je risque de me faire avoir, il y a de fortes chances que mes comportements, calés sur cette croyance et sur mes émotions, m'amènent précisément au résultat que je craignais (« J'ai bien fait de me méfier. Les gens ne m'ont pas accueilli et je suis sûr qu'ils vont chercher à me rouler dans la farine »).

Démarrez une action, une relation, un projet sans aucun *a priori* : ni négatif ni positif. Cela vous permettra de ne pas tomber dans une « ornière mentale ». Il est tellement dur de sortir de l'ornière ! Notre cerveau est ainsi fait qu'il a tendance à passer son temps à distordre la réalité, à ne prendre en compte que les informations qui servent et renforcent notre point de vue, notre manière de penser. J'ai encore en mémoire une expérience vécue avec l'un de mes clients…

> Démarrer une action, une relation, un projet sans *a priori* permet de ne pas tomber dans une « ornière mentale ».

1. Alexandre Jollien, *Petit Traité de l'abandon*, Seuil, 2012.

Exemple de manque de confiance pas fiable du tout

Site logistique en région parisienne. La scène se passe dans le service administratif. La directrice comptable, Bernadette, a beaucoup de mal à faire confiance aux secrétaires, et en particulier aux secrétaires comptables. Elle en fait une « consommation » anormale. Elle s'abrite toujours derrière un tas de bonnes raisons pour justifier que ces jeunes femmes ne passent pas la barre de la période d'essai, rarement renouvelée. Cette fois-ci, le directeur du site n'accepte pas la position de sa collaboratrice. Elle se plaint comme à son habitude et, tout comme celui qui veut se débarrasser de son chien l'accuse d'avoir la rage, elle accuse Fadhila, l'actuelle secrétaire à l'essai, de ne pas être à la hauteur de la tâche demandée. En plus, elle s'appelle Fadhila. Notre directrice la pressent rebelle, malsaine, voire malhonnête. Ayant moi-même observé Fadhila, il m'apparaît que la jeune femme est tout... sauf tout cela. Elle est vive, efficace (quitte à être dérangeante ?) et fait preuve d'un grand sens de la relation. Son signe particulier ? Elle est observatrice. Une qualité qui va lui jouer des tours...

Un jour de semaine très chargée, Bernadette se trouve absente, en arrêt maladie à cause d'une bonne grippe qui la cloue au lit. Tout le monde est dans la panade, car personne ne retrouve le code de son ordinateur et elle ne répond pas au téléphone. Mais il y a urgence et il faut avoir très rapidement accès à des informations enfermées dans un dossier confidentiel. Fadhila propose alors d'essayer de trouver le code. Elle a, en fait, observé sa responsable et a ainsi pu déceler la série codifiée à taper. Ce qu'elle fait. Grâce à cela, tout le monde se détend et l'urgence est traitée à temps. Mais c'était compter sans le retour de Bernadette. Ayant appris que Fadhila a « forcé » son ordinateur, elle décide – elle a eu raison de se méfier d'elle, puisqu'elle est fourbe – de ne pas la garder. À cette nouvelle, le directeur du site la convoque.

Elle explique son point de vue, arguant que si la jeune femme a noté son code, c'était pour en faire mauvais usage. Fadhila, bien entendu, conserve son poste.

Quelque temps plus tard, sur mes conseils, Fadhila décide de provoquer une discussion « relationnelle » avec sa responsable. Elle frappe à son bureau, un plateau avec deux tasses de café entre les mains. À l'invitation « entrez », elle ouvre la porte et annonce : « Je viens m'entretenir avec vous, car la manière dont nous travaillons ensemble ne me satisfait pas. Encore moins depuis cet épisode du code. » Une ornière mentale négative aurait pu amener Bernadette à penser : « Elle cherche à m'amadouer avec son café. » Mais Bernadette et Fadhila sont devenues bonnes amies...

Méfiance a *priori* entraîne méfiance et incapacité d'ouverture.

Être respectueux

Selon le dictionnaire, le respect serait un *« sentiment qui incite à traiter quelqu'un avec égards, considération, en raison de son âge, de sa position sociale, de sa valeur ou de son mérite*[1] *»*. Définition terrifiante ! Comme si les personnes n'étaient dignes de respect qu'en fonction de leur âge, de leur position sociale, de leur valeur ou de leur mérite ! Chez Kant – et cette définition nous convient davantage –, le respect est un *« sentiment moral spécifique, bien distinct de la crainte, de l'inclination et des autres sentiments, qui ne provient pas comme eux de la sensibilité, mais qui est un produit de la raison pratique et de la conscience de la nécessité qu'impose la loi morale*[2] *»*. Chaque être humain invite au respect.

1. Source : www.cnrtl.fr.
2. *Ibid.*

Et personne ne peut être performant dans le cadre d'un projet s'il ne se sent pas respecté. Une attitude respectueuse commence par le simple fait de prendre en compte l'autre, quels que soient son grade, son pedigree, son histoire et son âge.

J'ai parfois rencontré, dans les entreprises ou les équipes avec lesquelles j'ai travaillé, des personnes qui établissaient une forme de hiérarchie du respect. En quoi la fonction de P-DG impliquerait-elle plus de respectabilité que celle d'opérateur en usine ? Les deux ne sont-elles pas aussi dignes, aussi honorables ? Attention, je surveille ceux qui seraient tentés de me dire « non ». Être respectueux, c'est avoir une attitude attentionnée et humble, quel que soit votre interlocuteur. C'est n'avoir pas un mot plus haut que l'autre, pas une insulte, pas un comportement décrivant une forme d'agacement. Bien sûr, nous avons le droit d'être agacés. Mais le respect consiste à savoir « prendre sur soi » pour ne pas laisser échapper des comportements déplacés, choquants, inconvenants. Vous pouvez apprendre à dire de manière respectueuse que vous n'êtes pas content du travail réalisé par votre collaborateur, sans volée de bois vert.

Chaque être humain invite au respect. Et personne ne peut être performant dans le cadre d'un projet s'il ne se sent pas respecté.

Exemple de non-respects en cascade et d'échecs en spirale

Je suis tombé sur un texte formidable d'un enseignant formateur et chercheur : Jean-François Laurent. En nous racontant, avec ses mots, l'histoire du petit Victor, qui aurait pu s'appeler Pierre, Paul, François, Franck, Marie, Antoine, il nous parle du danger d'exercer une forme d'éducation et d'enseignement irrespectueuse.

« Victor est né il y a peu de temps. Il marche à petits pas de garçonnet de 2 ans, dans la cuisine, vers le four qui est allumé. Sa maman se précipite vers lui et lui tape sur la main. Elle a eu peur qu'il ne se brûle. Victor pleure d'incompréhension, mais aussi de la brûlure de la tape. Il réessaie comme tout petit garçon découvrant la vie, pour vérifier, et reçoit de sa maman une autre tape sur la main. Cette fois, elle crie et le porte dans sa chambre. Victor ne comprend pas...

Victor a 3 ans. Il est en classe de petite section de maternelle. Il s'est appliqué pour dessiner ce que demandait la maîtresse, mais il a du mal à coordonner ses gestes. Il appuie trop sur son feutre, il ne comprend pas pourquoi la maîtresse le gronde. Il abîme les pointes. "Pourtant, ces feutres sont faits exprès pour des enfants comme toi." En corrigeant le dessin, la maîtresse, pour plaisanter, dessine un visage qui fait la grimace en haut à droite de la feuille. En récupérant les cahiers de Victor, en fin d'année scolaire, ses parents feuillettent les dessins et voient cette grimace. Ils lui disent que ce n'est pas bien de faire des dessins de grimace...

Victor a 6 ans. L'âge d'aller au CP, à la grande école. Il est impressionné mais fier de lui. Apprendre à lire, c'est difficile. Il est né en fin d'année, il a des difficultés pour rester concentré et assis sur sa chaise. Il ne comprend pas pourquoi certaines fois B et A font BA, mais pas toujours. S'il rajoute un I, ça chante "BAI". S'il met un N après, ça chante "BAIN", et s'il ajoute encore un E, ça chante encore autrement : "BAINE". Ce n'est pas simple quand on a à peine 6 ans. La maîtresse rouspète et crie, s'acharne à lui faire rentrer tout ça dans la tête. Rien n'y fait. Elle convoque ses parents. Ils ne comprennent pas. Ils doutent même de Victor, se font du souci. Ils vont consulter un spécialiste. Victor aussi doute de lui, de ses capacités. "Et si je n'étais pas intelligent ? Je crée des problèmes à mes parents, ils parlent, discutent et j'entends ce qu'ils disent à travers les cloisons. J'ai peur de moi. Demain, j'irai mieux." Mais le lendemain, la maîtresse a avancé dans le programme et Victor subit de plus en plus de pression. Il pleure, a peur, s'angoisse, bouge de plus en plus... On le traitera pour hyperactivité...

Victor a 9 ans. Il est au CM1. C'est la veille de Noël, le directeur vient remettre les carnets de notes, qui s'appellent maintenant "cahiers d'évaluation". À l'intérieur sont notées des compétences avec des renseignements comme : acquis, en cours d'acquisition et non acquis. "Tiens, on est revenus à des notes chiffrées." Sous la pression des parents et de quelques enseignants garants de la tradition scolaire, on a de nouveau recours au bon vieux système qui marchait si bien... pour les non-exclus du système scolaire. Le directeur appelle les enfants par ordre alphabétique. Ils se lèvent au fur et à mesure. Vient le tour de Victor qui tremble en son for intérieur, mais ne le montre pas. Les sentences pleuvent sur la classe. Seuls les cinq premiers sont exempts de reproches. Devant tout le monde, ses copains et la maîtresse, il lit : "Victor pense plus à s'amuser qu'à travailler. Peut mieux faire. Des difficultés en histoire et géographie. Apprend-il ses leçons ?" Victor baisse la tête, ses yeux fixent le sol. Il est triste et a peur de la réaction de ses parents. Il risque de se faire gronder. Papa va crier de déception. Maman va se prendre la tête dans les mains en disant : "Dire qu'on fait tout pour lui, et voilà ce qu'il nous donne. Faites des gosses, vous êtes sûrs d'être déçus !" Ou alors : "Si tu ne fais pas ça, tu vas voir ce qui va t'arriver ! Attention, Victor, tu vas te faire gronder ! Si tu n'as pas une bonne note, tu seras puni !" Son père va lui supprimer sa console, activité dans laquelle il se réfugie, s'évade...

Victor a maintenant 13 ans. Il vient de se battre dans la cour de récréation pour protéger un de ses copains. Il est attrapé par le surveillant qui l'envoie en hurlant chez la principale du collège. Elle ne l'écoute pas, mais dans un élan de colère froide le condamne aux travaux du mercredi après-midi en colle. Comme il a été le plus fort dans la bagarre, l'autre enfant est considéré comme victime ; il n'aura pas de punition. Les parents de Victor l'obligent à s'excuser devant la principale et le surveillant. Victor est humilié, mais il ne dit rien. "C'est comme ça."

Arrivé en lycée professionnel, les lycées où 80 % des élèves se retrouvent par défaut parce qu'ils n'ont pas le niveau pour le lycée général, Victor subit encore de mauvaises notes, de sales moyennes. Il a 0 en anglais, 2 en maths. Il ne vaut rien. Il va le devenir… ce rien[1]… »

« Un enfant qu'on approuve apprend à s'accepter. »

S'ils avaient été respectés, ces petits Victor, Pierre, Paul, François, Franck, Marie, Antoine auraient sûrement eu une autre vie. *« Un enfant qu'on approuve apprend à s'accepter[2]. »* Le respect consiste à agir à l'opposé de ces parents et éducateurs, qui ont sans doute fait de leur mieux, mais qui sont les responsables inconscients de l'état de souffrance du jeune homme.

Personne n'est irrespectable. Le bandit est respectable, l'infirme est respectable, l'ouvrier opérateur analphabète est respectable, l'enfant de 3 comme de 15 ans est respectable, le condamné l'est tout autant. Lorsque vous êtes respectueux, vous gagnez la confiance – et la gentillesse – des gens qui vous entourent. Être respectueux avec tout le monde, sans distinction – avec les sans-grade comme avec les princes –, va vous transformer, ne serait-ce qu'aux yeux des autres. On est plutôt fier de côtoyer un collaborateur respectueux. On se sent en sécurité lorsque l'on dépend d'un responsable respectueux. On est un peuple respectueux lorsque le gouvernement est respectueux (avant de chercher la respectabilité).

Être bienveillant

« Bienveillant » a pour synonymes : affectueux, aimable, amical, complaisant, compréhensif, débonnaire, doux, fraternel, indulgent, prévenant. Voilà, tout est dit. J'entends certains penser tout bas, ou tout haut : « Nous ne vivons sans doute pas dans le même monde. » Bien sûr, et nous vous l'avons déjà dit ! Le

1. Source : jean-francois.laurent.over-blog.com.
2. Dorothy Nolte, lejour-et-lanuit.over-blog.com.

dictionnaire dit encore : « *Qui est attentif au bonheur et au bien des autres*[1]. » Créer une relation de gentillesse et de confiance passe par cette attitude. Malheureusement, la bienveillance est rare en entreprise et encore plus dans les milieux politico-médiatiques. Néanmoins, certaines émissions se détachent du lot, certains animateurs aussi, comme Mireille Dumas et Michel Drucker. Ils sont bienveillants jusqu'au bout des ongles. Nous ne les avons jamais entendus dire un mot plus haut que l'autre, avoir une attitude de dénigrement avec qui que ce soit. Leur vie n'a rien de médiatique. On parle d'eux comme ils parlent des autres : avec intérêt, paix et respect. La bienveillance paie. C'est une qualité de cœur.

La bienveillance paie.
C'est une qualité de cœur.

Quand je démarre un séminaire de direction ou d'équipe, je tente de créer, dès le départ, une ambiance de bienveillance. Pour cela, conscient que l'homme a une sacrée capacité à distordre la réalité et une forte tendance, comme nous l'avons vu, à penser « négatif », à préjuger des autres, je fixe un cadre : je demande à l'ensemble des participants de trouver et de détailler au moins trois qualités chez chacune des personnes présentes, y compris eux-mêmes. Ah, si vous voyiez leurs têtes. Surtout celles de ceux qui ne peuvent pas se sentir ! Mais cette pratique, qui oblige à se focaliser sur les aspects positifs de ses équipiers, a toujours pour effet la création d'une ambiance réellement bienveillante.

Pour mettre en place cette attitude de bienveillance, tout est jouable. Faites appel à votre créativité et à votre cœur. Je ne résiste pas à l'envie de vous faire partager une belle histoire…

1. Source : www.cnrtl.fr.

Exemple de manque de bienveillance à fort risque de malentendu

C'est l'histoire du cordon violet. « Un professeur avait l'habitude, en fin d'études, de donner à ses élèves un cordon violet sur lequel on pouvait lire : "Qui je suis fait toute la différence" imprimé en lettres dorées. Il disait à chaque étudiant, à cette occasion, pourquoi il l'appréciait et pourquoi le cours était différent grâce à lui. Un jour, il a l'idée d'étudier l'effet de ce processus sur la communauté, et envoie ses étudiants remettre des cordons à ceux qu'ils connaissent et qui "font la différence". Il leur donne deux cordons en leur demandant ceci : "Remettez un cordon violet à la personne de votre choix en lui disant pourquoi elle fait la différence pour vous, et donnez-lui l'autre pour qu'elle le remette elle-même à quelqu'un de son choix. Faites-moi ensuite un compte rendu des résultats." L'un des étudiants va voir son patron (il travaille à mi-temps), un gars assez grincheux, mais qu'il apprécie. "Je vous admire beaucoup pour tout ce que vous faites. Pour moi, vous êtes un véritable génie créatif et un homme juste. Accepteriez-vous que j'accroche ce cordon violet à votre veste en témoignage de ma reconnaissance ?" Le patron est surpris, mais répond : "Euh, oui, bien sûr..." Le garçon continue : "Et accepteriez-vous de prendre cet autre cordon violet pour le remettre à quelqu'un qui fait toute la différence pour vous, comme je viens de le faire ? C'est pour une enquête que nous menons à l'université." "D'accord."

Et voilà notre homme qui rentre chez lui le soir, son cordon à la veste. Il dit bonsoir à son fils de 14 ans et lui raconte : "Il m'est arrivé un truc étonnant aujourd'hui. Un de mes employés m'a donné un cordon violet sur lequel il est écrit, tu peux le voir, "Qui je suis fait toute la différence". Il m'en a donné un autre à remettre à quelqu'un qui compte beaucoup pour moi. En revenant, je me suis dit qu'il y avait une personne, une seule, à qui j'avais envie de le remettre. Tu vois, je t'engueule souvent parce que tu ne travailles pas assez, que tu ne penses qu'à sortir avec tes copains et que ta chambre est un parfait foutoir... mais, ce soir, je voulais te dire que tu es très important pour moi. Tu fais, avec ta mère, toute la différence dans ma vie et j'aimerais que tu acceptes ce cordon violet en témoignage de mon amour. Je ne te le dis pas assez, mais tu es un garçon formidable !" À peine a-t-il fini que son fils se met à pleurer, pleurer, son corps tout entier secoué de sanglots. Le père le prend dans ses bras et lui dit : "Ça va, ça va... Est-ce que j'ai dit quelque chose qui t'a blessé ?" "Non, papa... mais... snif... j'avais décidé de fuguer demain. J'avais tout planifié parce que j'étais certain que tu ne m'aimais pas, malgré tous mes efforts pour te plaire. Maintenant, tout est changé."[1] »

Belle histoire bisounoursienne, n'est-ce pas ? Voilà ce qu'est la bienveillance et comment elle s'intègre pleinement à l'alchimie du parfait « gentilhomme », ou de la parfaite « gentille dame ».

Être honnête, intègre

Bien sûr, l'honnêteté est une évidence citoyenne. Ne pas être un voleur, un escroc, un fraudeur... Mais allons plus loin en abordant la notion d'honnêteté intellectuelle : « *Qualité de celui qui est fidèle à ses obligations, à ses engagements, qui ne cherche pas à tromper*[2]. » Cette qualité peut sembler « couler de source ». Mais la peur (qui transforme parfois les petits actes en grave manquement), l'appât du gain peuvent amener le plus brave des hommes

1. D'après http://www.clubpositifblog.com/lhistoire-du-cordon-violet-histoire-positive/.
2. Source : www.cnrtl.fr.

à devenir, un instant, indigne de confiance. Être « droit dans ses bottes », dire, sans détour, le fond de sa pensée et lui rester fidèle, telle est la pratique de l'honnêteté intellectuelle... et de l'honnêteté tout court.

Ce qui ne veut pas dire que nous ne pouvons pas changer d'avis. Encore heureux ! Mais il faut alors pouvoir expliquer ce changement et ce, de manière congruente. Dans un autre registre, oser répondre « non » à son patron (qui fait un tour de table pour savoir si tout le monde a bien compris la stratégie commerciale) est une forme d'honnêteté. Une vraie force, que nous appelons la force du mea-culpa. Comme Thierry en Tunisie. Cette honnêteté transparente renforce le sentiment de confiance et de sécurité qui naît de la relation avec l'alchimiste de la gentillesse.

L'honnêteté transparente renforce le sentiment de confiance et de sécurité qui naît de la relation avec l'alchimiste de la gentillesse.

Exemple de malhonnêteté intellectuelle proche de l'homicide relationnel

J'avais 26 ans quand j'ai monté ma première entreprise : une agence de publicité, affiliée à un groupe français, puis américain : MGTB Martin-Jamond. J'étais fier, aussi fier qu'inexpérimenté en management et en gestion. Ce qui ne m'empêchait pas de bien faire mon job de publicitaire et de faire mes armes dans le maniement des équipes. À la création de l'agence, nous avions déjà une petite équipe de huit personnes. Du haut de mon quart de siècle, je me prenais pour un chef, pas toujours prêt à entendre les critiques que l'on pouvait formuler à mon encontre. J'étais une sacrée tête dure. Jamais vraiment irrespectueux, sans doute même respectable, mais mes comportements étaient parfois « limites ». Nous étions tous sous pression, et moi davantage encore que mon associé Christian, du moins le vivais-je ainsi : je devais faire mes preuves car j'étais officiellement le directeur général (en réalité le « gérant », mais ça fait moins bien sur une carte de visite !). Quoi qu'il en soit, j'avais souvent la peur au ventre, malgré l'inconscience de mon jeune âge.

À cette époque, nous étions en lisse pour gagner un contrat juteux avec Aldès, leader mondial de la VMC (ventilation mécanique contrôlée). François Prieux, le directeur marketing, et sa chef de publicité interne, Ariane Tavernier, devaient venir pour une présentation de la stratégie et des créations que nous avions « pondues », Christian et moi. Il y avait une grosse pression à l'agence, nous travaillions sur le dossier depuis des années. Le jour J, rien ne se déroula comme prévu car l'imprimante, qui nous posait souvent problème, tomba en panne à une heure de la présentation. Véronique, notre assistante, n'avait pas anticipé cette éventualité (nous non plus, du reste). Il nous fallut improviser, Christian et moi. Heureusement, nous maîtrisions notre sujet sur le bout des doigts et tout sembla « couler de source ». La présentation se termina tard. Véronique était encore là. Elle n'avait pas réussi à sortir les documents à temps, mais les clients étaient finalement repartis avec. Les portes de l'ascenseur fermées, emportant nos deux convives, j'éclatai de colère. Je crachai mon venin. Je dis des mots qui dépassaient ma pensée, mais qui collaient avec mes émotions du moment. À mes agressions verbales et comportementales, elle répondit du tac au tac. Elle monta aussi sur ses grands chevaux, cria aussi fort que moi, me lança des regards assassins. Elle savait y faire. Je la « jettai » parce que j'étais le boss.

Nous étions vendredi. C'était le week-end tant attendu. Nous avions réussi notre coup avec Aldès, mais nous ne le savions pas encore. Nous l'apprendrions le mardi suivant. Mais, en ce « beau » vendredi, Véronique était partie de mon bureau en claquant la porte. J'avais accompagné sa sortie d'un : « C'est ça, casse-toi ! »

Le week-end se déroula sans encombre, mais pas sans ombre. J'étais à la fois heureux de notre présentation « les doigts dans le nez » et désappointé par ce qui s'était passé en fin de journée. Je n'étais pas content de moi. Je me trouvais nul. Pas facile à reconnaître pour « un boss ». Je ne m'étais même pas rendu compte, au moment des faits, que Véronique était autant impliquée que nous dans le travail. En fait, le seul point que je pouvais lui reprocher, c'était de ne pas avoir vérifié l'imprimante. Je n'en dormis pas pendant deux jours.

Lundi matin, 9 heures, alors que je suis là depuis une bonne heure, Véronique arrive. Elle ne vient pas me saluer. Je lui demande de venir dans mon bureau. Nous nous asseyons autour d'une petite table de bar, je lui propose un café. J'ai le ton et l'attitude détendus. Je prends la parole : « Véronique, pardonne-moi pour vendredi, j'ai été stupide. Ma réaction n'était pas du tout appropriée, je me suis laissé emporter. Je voulais sincèrement te présenter mes excuses. » Sur ce, Véronique entame son propre mea-culpa : « Non, Franck, c'est moi qui ai été stupide, et mes propos étaient tout aussi irrespectueux. Je n'ai pas fait ce que vous attendiez, et j'en suis désolée. » La discussion dure bien deux heures. Nous prenons le temps d'aborder tout ce qui peut créer des tensions, entre nous et dans notre organisation. Ce jour-là, je me suis senti profondément honnête et respectueux. Ce qu'elle me confirmera.

L'honnêteté passe par l'acceptation de ses erreurs. Mais aussi, en amont, par la volonté de ne pas tromper.

L'honnêteté passe par l'acceptation de ses erreurs. Mais aussi, en amont, par la volonté de ne pas tromper.

Savoir compatir

Compatir, ce n'est pas vraiment « souffrir avec ». C'est plutôt, sans s'y identifier, comprendre cette souffrance, c'est-à-dire, sans se mettre à la place de l'autre, être réellement et profondément synchronisé avec lui, suffisamment, du moins, pour ressentir ce qu'il vit, bien souvent un sentiment de colère, d'incompréhension, de souffrance.

Si l'empathie nous « garde » encore séparé de l'autre, la compassion, elle, nous unit à l'autre.

Celui qui éprouve de la compassion est, en général, d'une grande empathie. Mais si l'empathie nous « garde » encore séparé de l'autre, la compassion, elle, nous unit à l'autre. Ce qui fait toute la différence.

Pour vous lancer dans une alchimie relationnelle, il vous faudra, bien sûr, faire preuve d'empathie, mais aussi savoir compatir. Cette compassion va vous permettre de saisir l'autre, en termes d'informations. En étant physiquement synchronisé à l'autre, en commençant par éprouver de l'empathie, vous allez naturellement accéder à ce sentiment de compassion qui vous indiquera précisément dans quel « état » se trouve votre interlocuteur, votre client, votre ami, votre partenaire.

Exemple de compassion à ne pas confondre avec charité mal ordonnée

Voici une histoire, connue, tirée du Dr Wayne W. Dyer[1]. Une femme, ayant centré sa vie sur le tao, avait trouvé par hasard une pierre

1. Docteur en psychologie, psychothérapeute de renommée internationale, il est l'auteur de nombreux best-sellers sur le développement personnel.

précieuse lorsqu'elle était assise près d'un ruisseau dans les montagnes. Elle avait déposé l'article de grande valeur dans son sac. Le jour suivant, un voyageur affamé s'approcha d'elle et lui demanda quelque chose à manger. Alors que, touchée par le dénuement de cet homme, elle mettait la main dans son sac pour y prendre un morceau de pain, le voyageur aperçut la pierre précieuse et pensa qu'elle pourrait lui fournir la sécurité financière pour le reste de sa vie. Il demanda à la femme de lui offrir ce trésor, et elle le lui remit en même temps qu'un peu de nourriture. Il partit, follement heureux de sa chance, songeant qu'il était maintenant en sécurité. Mais quelques jours plus tard, il revint vers la femme sage. « J'ai réfléchi, lui dit-il. Même si je sais à quel point cette pierre est précieuse, je vous la rends dans l'espoir que vous pourriez me donner quelque chose d'encore plus précieux. » « Qu'est-ce que cela serait ? » questionna-t-elle. « De grâce, donnez-moi ce qui est en vous et qui vous a incitée à m'offrir cette pierre. »

> La compassion, loin de l'idée de se sacrifier pour les autres, consiste à agir au mieux selon ses possibilités.

Nous ne sommes pas loin de la bienveillance, car la compassion aussi consiste à vouloir le bien des autres, leur bonheur. La compassion, loin de l'idée de se sacrifier pour les autres, consiste à agir au mieux, selon ses possibilités. Autant dire que, dans les contextes professionnels que nous sommes amenés à vivre au quotidien, la « compassion » n'a pas naturellement sa place. Je n'ai pas souvent vu de cadres « compatir » avec leurs équipes. J'ai plutôt été témoin du contraire. Me revient en mémoire ce cas d'une chef d'entreprise ayant appris le décès du mari de l'une de ses collaboratrices. Elle demanda à son assistante d'envoyer un bouquet de fleurs à la veuve, mais ne put lui accorder un entretien. Elle n'avait pas le temps !

Être humble

Le responsable politique, le chef d'entreprise, le champion, l'acteur, tous partagent cette merveilleuse chance d'avoir accédé à un certain « rang » social. Ces hommes du succès partagent aussi la tentation de ne plus se souvenir d'où ils viennent, du parcours qui les a amenés là où ils sont. Car le succès et le rang social vous octroient des avantages : les avantages des « grands ». Lorsque j'ai créé ma dernière entreprise, Congruences, en 1991, j'ai été sélectionné dans le cadre de Novacité, le pôle des entreprises innovantes, lesquelles sont triées par un comité de labellisation lié au conseil général Rhône-Alpes, à la chambre de commerce et d'industrie de Lyon et à un cercle d'entreprises et d'organisations soutenant ou œuvrant dans la création d'entreprises innovantes. En 2012, quand j'ai pris la présidence de ce comité de labellisation, je me suis retrouvé projeté dans... finalement pas grand-chose, mais ce « pas grand-chose » peut donner l'illusion d'être important. On vous appelle « président », vous avez une (petite) zone d'influence.

L'humilité est « terrienne ». C'est la poussière de nos propres origines, que nous partageons tous.

Depuis que je préside ce comité, je n'ai jamais abordé une sélection sans avoir scrupuleusement préparé les dossiers. Je me rappelle trop par où je suis passé lors de ma propre intronisation. Pas une fois je n'ai accueilli ces porteurs de projets sans me souvenir de mes débuts avec humilité. L'humilité est « terrienne ». C'est la poussière de nos propres origines, que nous partageons tous. L'humilité est aux antipodes de l'orgueil. Elle ne touche pas à la notion d'ambition. Vous pouvez être ambitieux et rester humble. L'humilité est une qualité qui se remarque très rapidement et qui participe d'une relation de gentillesse et de confiance. Voir un homme humble est sécurisant. Ça laisse de la place pour l'autre, à côté. La modestie est une démonstration d'humilité. Mais, attention, le modeste n'est pas forcément humble... L'humilité est totalement dépourvue d'orgueil.

L'humilité est aux antipodes de l'orgueil. Elle ne touche pas à la notion d'ambition. Vous pouvez être ambitieux et rester humble.

Exemple d'humilité à forte valeur managériale ajoutée

L'un de mes proches clients, Fabrice, m'a toujours impressionné par son humilité. C'est une drôle d'histoire que la sienne. Il est fils d'un chef d'entreprise visiblement tout-puissant qui plaçait la barre tellement haut pour son rejeton – sans s'en rendre compte bien sûr – que celui-ci avait beaucoup de mal à exister dans l'ombre du père. Bêtise d'adolescent, Fabrice est bagarreur. C'est sans doute sa manière à lui d'exister en tant qu'homme. Il se bat souvent, pas pour sa survie, mais bien pour trouver sa place. Il joue des coudes et... du coup de boule. Son nez en garde d'ailleurs des traces. Un jour, il a alors tout juste 18 ans, il se bagarre à la sortie d'une soirée bien arrosée. La bagarre est violente et son ennemi reste à terre. Fabrice sombre dans le cauchemar. Sans attendre, il se présente le lendemain au PRLE, le centre de recrutement des légionnaires, pensant ainsi échapper à une éventuelle sanction. C'est un grand gaillard, il est sélectionné et s'engage. Il ne sait pas ce qu'est devenu le garçon avec lequel il s'est battu et cette pensée le hante longtemps. Jusqu'au jour où, légionnaire en poste, il apprend, avec stupeur mais bonheur, que son ennemi laissé sur le flanc est bien vivant et en bonne santé. Ce qui le décide à écourter son passage à la Légion étrangère. Lorsqu'il revient à la

Voir un homme humble est sécurisant. Ça laisse de la place pour l'autre, à côté.

vie civile, il trouve un nouveau job : opérateur logistique. Entendez travailleur en usine, chargeur de palettes, préparateur de commandes. Il passe par tous les métiers de la logistique, travaille de jour comme de nuit, commence à prendre du grade en devenant chef d'équipe, puis responsable d'activité. Il évolue ensuite vers un poste de responsable d'exploitation, pour enfin accéder au poste de directeur de site. Le fils rejoint le père dans le rang des « responsables » et il en est fier. Son passage par tous les échelons de l'activité l'a marqué. Il sait que la seule manière de comprendre son entreprise, c'est de la vivre d'abord sur le terrain. Sur tous les terrains.

Lorsque nous travaillons ensemble, Fabrice est à la tête d'un prestigieux site logistique. Ce site est un gros bateau, fonctionnant en flux tendu. Une fourmilière. Tout le flux des produits frais de la région lyonnaise passe entre les mains des opérateurs, de la moindre carotte au plus frais des fromages. C'est un site tellement sous pression que, lors de la nomination de Fabrice à sa tête, la tension sociale est perceptible. Nous sommes dans une politique du « toujours plus » ; les objectifs augmentent en cadence et en qualité de service, autant que se tendent le marché et la concurrence entre grandes surfaces. Le site logistique est, si on l'observe de près, le réceptacle, le haut-parleur des tensions de son marché. Le rôle du directeur de site est complexe. Il doit être gestionnaire bien sûr, mais aussi manager. En un mot : un sacré surhomme. Il gère en trois-huit pratiquement 500 personnes, dont une grande majorité d'opérateurs ; des femmes et des hommes ne faisant pas toujours ce métier par plaisir, mais bien souvent par dépit ou par facilité – le travail est dur, mais il permet d'avoir des horaires laissant du temps pour soi ; il nécessite un peu de concentration, mais pas de culture générale. Bref, il demande surtout d'avoir une bonne forme physique et de l'intelligence opérationnelle, de la débrouillardise.

Pour gagner la confiance de ses équipes, il leur fait confiance. D'emblée, il ne change rien, là où tout le monde s'attendait à un wagon de chamboulements.

Lorsqu'il prend son poste, Fabrice fait comme à son habitude pour gagner la confiance de ses équipes : il leur fait confiance. D'emblée, il ne change rien, là où tout le monde s'attendait, comme à l'arrivée de chaque nouveau boss, à un wagon de chamboulements. Il veut comprendre comment les uns et les autres fonctionnent ensemble, comment les us et coutumes se sont mis en place. Il fait connaissance avec ses hommes et va, durant deux mois, travailler avec chacun d'eux, de jour comme de nuit ; quitter sa cravate de patron, son blazer de directeur pour enfiler ses chaussures de sécurité, son blouson et sa tenue d'opérateur (la plus simple, pas celle qui comporte le *sticker* « staff »). Certains lui demanderont même qui il est. Il montre, démontre devrions-nous dire, que ce qu'il va réclamer d'eux, il est capable de le faire. Il se rend également compte qu'il y a des choses qu'il devra arrêter de demander. Il gagne la confiance des gens et continuera, même après cette période de démarrage, de travailler régulièrement avec les uns et les autres. Il les tutoie, et il est tutoyé. Bref, il est ACCESSIBLE, humainement accessible. Il est resté un homme, avant d'être un patron. Il a l'humilité de celui qui connaît ce dont il parle. Sa porte est toujours ouverte. Il est respectueux et se fait respecter. Mais plus comme le légionnaire, plus comme le gamin qui lance des coups de tête. Il est à l'écoute, il est bienveillant. Il est honnête. Il respecte sa parole. Il sait trancher. Il sécurise, à tel point que, socialement, le calme reviendra, au moins jusqu'à son départ.

Il est ACCESSIBLE, humainement accessible. Il est resté un homme, avant d'être un patron.
Il a l'humilité de celui qui connaît ce dont il parle.

Au-delà du fait de ne jamais oublier d'où l'on vient, être humble, c'est incarner ce que l'on est, ici et maintenant, simplement ; sans prétention ni crânerie. On peut avoir un poste élevé, médiatisé. Être humble, c'est assumer ce poste sans prétention.

Être humble, c'est incarner ce que l'on est, ici et maintenant, simplement ; sans prétention ni crânerie.

Exemple de manque d'humilité à valeur politique absente

Nous avons tous vécu, dans les guéguerres politiques de l'élection présidentielle de 2012, les passes d'armes entre la droite et la gauche traditionnelles. Certains ont souhaité l'arrivée du nouveau président avec beaucoup de ferveur et, sans doute, beaucoup d'illusions – c'eût été d'ailleurs pareil avec un président de droite. Mais celui-là, de gauche (quel concept arriéré d'être de droite ou de gauche, la France ne pouvant réellement se construire que sous la forme d'un « management par projet »), nous laissa penser qu'il serait un « président normal », se souvenant avec humilité d'où il venait. Un homme de la terre, d'une région simple. Un homme tout simple. Pourquoi pas, après tout. Au-delà de ce positionnement marketing, destiné à l'éloigner de son concurrent direct, on peut penser qu'il y eut un soupçon de volonté sincère.

Les premiers temps de son mandat, les déplacements de notre président se firent « simplement » en TGV ou en « petit » Falcon. Il n'utilisa surtout pas l'Airbus de son prédécesseur de droite. Souvenez-vous, sous le règne sarkozien, les sarcasmes politiques, les petites piques, relayées par Laurent Fabius blâmant la stupidité d'avoir acheté cet Airbus, achat disproportionné par rapport à la situation financière de notre pauvre pays.

Mais voilà, en Hollandie, l'homme se fit vite au costume et, un jour, il fut décidé d'utiliser le bel oiseau. C'était quand même tentant d'avoir ce merveilleux outil, posé, là, sur le tarmac, à disposition. Lors d'un voyage présidentiel dans l'Airbus, Laurent Fabius fut interviewé par un journaliste : « Vous disiez que cet avion, c'était du grand n'importe quoi. Et aujourd'hui, vous l'utilisez ? » Réponse de l'intéressé en substance : « Finalement, ce que je disais, c'est du passé. » Si vous visionnez les images sur YouTube, vous verrez à quel point l'homme manque profondément d'humilité et est

« incongruent », ce qui laisse un goût amer à celles et ceux qui en sont les témoins.

Loin de nous l'idée de raconter cette anecdote pour faire de la politique. La droite, quelle qu'elle soit, souffre des mêmes maladies et présente les mêmes symptômes. Ce qui est frappant, mais nous y reviendrons dans le chapitre suivant, c'est de constater que chacun n'est plus conscient de ce qu'il crée dans son propre bocal. Être enfermé dans son milieu, en ne pratiquant plus l'empathie, la bienveillance, la curiosité de l'autre et la relation de gentillesse indispensable à la confiance, gâche les hommes.

Être enfermé dans son milieu, en ne pratiquant plus l'empathie, la bienveillance et la curiosité gâche les hommes.

Pratiquer la gratuité et le don

Il faut agir *« sans but ni esprit de profit*[1] *»*, comme le dit Alexandre Jollien en reprenant le terme japonais *mushotoku*, qui signifie *« esprit qui ne cherche pas à obtenir »*.

Celui qui cherche l'alchimie de la gentillesse se doit d'être capable de pratiquer la gratuité, c'est-à-dire agir sans attendre de contrepartie.

Celui qui cherche l'alchimie de la gentillesse se doit d'être capable de pratiquer la gratuité, c'est-à-dire agir sans attendre de

1. *Petit Traité de l'abandon, op. cit.*

contrepartie. Cet acte, ce don de soi provoque toujours, chez celui qui le reçoit, un pas vers la confiance et un sentiment de sécurité. Parce qu'un individu capable de gratuité ne peut pas être foncièrement mauvais. Attention, nous parlons ici de gratuité totale, pas de l'ambiguïté de la relation « donateur/receveur ». Le cadeau, le geste fait mettent souvent l'heureux receveur dans une situation consciente ou inconsciente de débiteur. Et inconsciemment, le généreux tombe parfois dans une logique de retour attendu, même s'il crie l'inverse. Ce qui est une réaction naturelle, humaine.

Un individu capable de gratuité ne peut pas être foncièrement mauvais.

La gratuité, c'est aussi s'appliquer à faire au mieux ce que nous sommes en train de réaliser, ici et maintenant ; c'est se concentrer sur l'action immédiate, sans égoïsme ni fixation mentale sur une éventuelle forme de retour. Nous parlons donc d'une double gratuité :

- une gratuité universelle, qui consiste à agir ici et maintenant, en étant concentré à 100 % sur l'instant présent ;
- et une gratuité qui a trait au fameux *mushotoku* et qui consiste à agir sans attendre de contrepartie.

Concentrons-nous sur ce second point, parce qu'il est souvent le mieux admis, le moins « philosophique ». Il touche aux comportements humains, et notamment à ceux qui se font rares à l'époque du tout business, du tout profit. Celui qui n'attend rien en retour de ses actes est sécurisant. Mais rendez-vous compte : ce comportement est tellement rare, tellement « déplacé » dans notre environnement que celui qui l'a est parfois soupçonné de manipulation... Il n'est pas normal, aujourd'hui, de donner gratuitement. On dit même, dans certains contextes, que ce qui est gratuit n'a pas de valeur ! N'est-ce pas absurde ?

Exemple de gratuité mal comprise

On nous apprend, en école de commerce, à fixer, quoi qu'il arrive, un prix pour tout service rendu. Lors de mes premières conférences, au sujet de mon premier livre, *Managez humain, c'est rentable !*[1], je proposais d'animer des soirées sur le thème de l'humanisme en entreprise. Bien sûr, les associations et les entreprises que je contactais me demandaient le prix de ma prestation. Mon premier réflexe fut de dire qu'elle serait gratuite, hormis les frais de déplacement à la charge du demandeur. Et les premiers retours furent... négatifs ! Je changeai donc mon fusil d'épaule et décidai de tester l'inverse ; passer de la gratuité à un prix correspondant à une « haute valeur ajoutée ». Tout en étant cohérent, congruent devrais-je dire, avec la réalité des prix du marché. Le prix de la soirée fut fixé avec, en outre, une prise en charge des frais de déplacement et la possibilité de vendre mes livres sur place. À mon grand étonnement, la conférence se vendit, sans aucune mise en doute de son contenu. Je trouve cela attristant car donner de son temps, donner de soi est primordial. En même temps, me direz-vous, tout travail mérite salaire. D'où la perversité de cette notion de gratuité.

Quand nous évoquons la gratuité, c'est du don du cœur que nous parlons, et non d'un concept intellectuello-économique. Il n'y a pas d'attente de retour. Le don est GRATUIT. Sans cette gratuité, il est tout sauf un don !

1. Franck Martin, *Managez humain, c'est rentable !*, De Boeck, 2008.

Être passionné de rencontres et d'ouverture à l'autre

Lors de ma première lecture du livre du dalaï-lama *L'Art du bonheur*[1], j'ai été frappé par son envie de rencontres et son ouverture à l'autre, par sa curiosité extrême et la générosité dont il est capable. Lorsqu'il descend dans un hôtel, il passe beaucoup de temps avec les « sans-grade » – femmes de chambre, concierges, hommes de service –, qui sont eux-mêmes surpris par sa gentillesse et sa sollicitude. Ces qualités se remarquent chez les gens accessibles et simples, qui sont en général leaders et en dehors d'un système hiérarchique. Ils savent qui ils sont réellement, au fond, sans le grade. Ce sont des Lech Walesa à l'époque de Solidarnosc, des Nelson Mandela avant qu'il ne préside l'Afrique du Sud, des Gandhi. Et, au-delà de ces hommes connus, des chefs d'entreprise authentiquement simples, les pieds sur terre, sans effet de costume ni comportement d'apparatchik... Des gens qui ne font pas nécessairement parler d'eux. Certains hommes politiques qui souvent, d'ailleurs, refusent ou n'utilisent pas leurs nombreux avantages.

Reprenons la phrase d'Albert Jacquard : « *Toute rencontre comporte un risque. Être généreux, c'est affronter ce risque.* » La rencontre fait toujours peur. On imagine souvent, par réflexe, le pire. Parfois même, la différence, ou, du moins, celle que l'on présuppose, éloigne. J'aime personnellement toutes les formes de rencontres.

1. Dalaï-lama, *L'Art du bonheur*, J'ai lu, 2000.

Dans le cadre de mon travail, je suis profondément touché lorsque je découvre de nouveaux contextes, décalés culturellement, professionnellement, voire totalement inconnus.

Une rencontre, ça se fait humainement, pas hiérarchiquement. Une rencontre, ça se fait avec les tripes et le cœur, pas avec des *process*.

Mon récent périple en Tunisie m'a émerveillé. J'y suis parti pour une mission humaine, bien plus que managériale. Auparavant, j'avais déjà exercé à l'étranger, mais avec des équipes européennes – des gens connus, des modes de fonctionnement « bien de chez nous », c'est-à-dire culturellement sans surprise. Parfois même, des personnes que je fréquentais en France avant leur expatriation. Mais cette fois-ci, pour la première fois, mission m'était confiée de travailler avec les « autochtones », en immersion totale. Plonger dans la réalité pour comprendre ce qui se passe réellement au quotidien entre gens de cultures différentes et gommer les dysfonctionnements, quel challenge ! Cela s'avérera être une des missions les plus enrichissantes de mon expérience. Mais je tiens à préciser que je pratique une méthode décalée au regard des cabinets et entreprises de formation ou de conseil dits « classiques ». Je suis dans une culture du management « humaniste », tournée à 100 % vers l'homme. Pour moi, cela a un vrai sens. Il ne s'agit pas d'une énième phrase prononcée en séminaire de management, où le P-DG d'une structure va rappeler – sans que personne n'écoute réellement – que la première force vive d'une entreprise, ce sont les hommes ! Non, ça, tout le monde est capable de le dire. Il s'agit, pour moi, de faire de l'humain là où d'autres font du management, en employant les attitudes que je m'évertue à défendre tout au long de ce livre. Une rencontre, ça se fait humainement, pas hiérarchiquement. Une rencontre, ça se fait avec les tripes et le cœur, pas avec des *process*. Une rencontre, ça présente le risque de s'ouvrir et de se dévoiler à l'autre. Sans cela, pas de rencontre. Juste un contact, une entrevue. Une rencontre, c'est une aventure généreuse qui est tout sauf superficielle. Lorsque je démarre une mission, quel qu'en soit le thème, mon premier geste, dans l'entreprise, consiste à rencontrer les gens. Je le fais dans le cadre non pas d'audits, mais de tête-à-tête, où j'aborde tous les thèmes, sans restriction. J'écoute, à fond. Je rassure parfois sur ce que je vais faire, ou ne pas faire, sur les notes que je prends. Et je parle beaucoup. Eh oui, je donne aussi de moi-même. Une rencontre, c'est pluriel ! Ça se fait à deux. Il y a des choses qui, par évidence, par nécessité, se partagent et se jouent au minimum à deux : échange, projet, connivence, complicité, union...

Bon, ne nous « emballons » pas et retournons à nos moutons. À Tunis, j'ai fait de merveilleuses rencontres. Ce qui est étonnant, c'est que les sentiments se déclenchent souvent plus vite que les mots. Et d'autant plus si vous avez entre vous la barrière de la langue, ou une langue commune, mais pas maniée de la même façon. Les Tunisiens parlent généralement un français universitaire : chaque mot est pesé, au plus près de son sens propre. Il faut souvent réexpliquer au pied de la lettre les expressions françaises pour faire comprendre les métaphores. Et puis, dans la culture arabe, musulmane en particulier, le respect et la confiance ont une place toute particulière. La gentillesse et la confiance *a priori* font entièrement partie de cette culture, ce qui semble parfois impensable dans certaines entreprises françaises. Alors, j'y « suis allé ». Et cela a amené de l'eau à mon moulin. Sans cette expérience de vraie rencontre de confiance, impossible d'imaginer ce que chacun vit. Sans cette rencontre de confiance, impossible de comprendre réellement, en profondeur, ce que représente le ramadan. Sans cette rencontre de confiance encore, je n'aurais pas compris ce qu'est le mariage traditionnel, et la manière dont mon interlocutrice du jour – Ilhem – se préparait à vivre cet événement. Je n'aurais pas non plus su comprendre les liens entretenus avec le travail, expliquer certains comportements qui auraient pu paraître, aux yeux d'un profane, totalement décalés, voire absurdes.

Je vois d'ici les adeptes du management pur et dur prôner la distance, la froideur. « On n'est pas là pour avoir des amis », lancent parfois les plus affectifs d'entre eux. On ne vit pas dans le monde des Bisounours ! Et moi de rajouter, presque aussitôt : « Mais ne serait-ce pas plus agréable de travailler avec des amis ? » La rencontre permet cela, quand elle est vécue en toute sincérité. Mais elle nécessite de se livrer, sans arrière-pensée ni crainte : en confiance. La rencontre est un instant magique où, parfois, les mots ne servent à rien, ne sont pas suffisamment puissants pour décrire ce que l'âme et les cœurs ressentent. La magie naît des rencontres improbables et de la gentillesse entre les êtres humains.

La magie naît des rencontres improbables et de la gentillesse entre les êtres humains.

Exemple d'ouverture essayée… et adoptée !

Marie, son diplôme de l'EDHEC en poche, souhaite se lancer rapidement dans la vie active. Elle décroche un stage chez Studio Canal, mais il ne commence pas avant quelques mois. Pas de temps à perdre pour cette jeune femme passionnée de *road trip* et de découverte. Elle a d'abord l'opportunité de partir là où vont les jeunes du moment : en Australie. Puis, non satisfaite de rentrer au bercail, sans doute trop « confortable », elle se fait un vrai *trip* amical et aventurier en Asie. Elle y découvre le goût de l'aventure humaine. Il faut vous dire que, sous ses airs de jeune fille bourgeoise, elle a gardé sa naïveté enfantine et des qualités de contact incroyables. Elle est naturellement un pot de miel dont les abeilles raffolent. Elle a une capacité d'écoute dont de nombreux entrepreneurs pourraient s'inspirer. Là où elle passe, elle fait l'unanimité, que ce soit dans une entreprise australienne, dans une association ou dans son école.

Après quoi, elle s'apprête à vivre une expérience altruiste : elle part au Togo pour une mission humanitaire, et paie de sa poche pour donner d'elle-même. Elle va vivre comme dans l'émission *Rendez-vous en terre inconnue*, mais sans les frasques des caméras : du vrai, de l'authentique, loin des calculs et petits arrangements de carrière. Là où tout est brutal comme la nature, à l'état pur. Marie débute en faisant classe à des enfants âgés de 6 à 18 ans qui ne parlent pas un mot de français, exceptés ceux qui en ont quelques notions, inculquées à coups de craies sur l'ardoise par les professeurs. Elle en revient bouleversée.

> Donner encore et encore de soi-même, s'impliquer réellement dans la relation à l'autre, c'est ce qui permet de créer une Rencontre.

Donner encore et encore de soi-même, s'impliquer réellement dans la relation à l'autre, c'est ce qui permet de créer bien plus qu'une relation de respect, de gentillesse et de confiance : une Rencontre. Celle dont on se souvient parfois toute une vie. Marie s'est rencontrée elle-même en serrant dans ses bras le petit Barnabé, habitant du village de Dzogbégan. Barnabé a pleuré toutes les larmes de ses petits yeux malades et de son corps le jour du départ de sa bienfaitrice. C'est cela, une belle rencontre humaine. Là, pas besoin de mots quand le tout-petit s'endort dans vos bras, en confiance et assuré d'un repos protecteur. Pas besoin d'ardoise. Les mots de la rencontre sont les mots du cœur. Comme une musique vous apaise. C'est cela une rencontre !

Alors, même s'il n'y a pas le dépaysement dû aux kilomètres parcourus, il peut y avoir cette magie. Il suffit d'oser, au quotidien. Et il suffit de prendre conscience de ce qui, inconsciemment, peut brider notre élan vers les autres :

- parfois, nous croyons connaître l'autre, son histoire, ses besoins, ses valeurs, son vécu. Or, nous ne le connaissons pas, ou mal ;
- parfois encore, nous sommes tellement centrés sur nous-mêmes que nous pensons bêtement, stupidement, que l'histoire, les besoins, les valeurs, le vécu de l'autre sont les mêmes que les nôtres ;
- d'autres fois, notre égocentrisme culturel nous fait oublier que tout le monde ne fonctionne pas de la même façon : tout le monde ne rêve pas d'une promotion, d'une belle maison, d'une magnifique voiture, de grandes responsabilités ;

- enfin, l'autre peut nous sembler tellement loin, tellement différent de nous-mêmes que nous refusons la rencontre. Nous présupposons ce qu'elle va nous apporter de négatif. Nous imaginons ce qu'elle risque de nous enlever de nous-mêmes, ce que nous risquons de perdre dans cette rencontre.

Voilà de quoi nous pouvons souffrir. L'autre fait peur. Nous conservons ce réflexe de « peur de l'autre » depuis la nuit des temps, sans même songer à la façon dont l'autre peut nous enrichir de ses différences. Elles sont là où nous ne les attendons pas. Elles sont nichées là où personne ne cherche. C'est une merveilleuse aventure que de se mélanger. Et surtout, encore une fois, cela rassure, cela met en confiance de voir quelqu'un d'« important », un gradé, un supérieur hiérarchique, accepter, que dis-je, rechercher la rencontre.

Nous conservons ce réflexe de « peur de l'autre » sans même songer à la façon dont l'autre peut nous enrichir de ses différences.

Soyez donc généreux !

Être patient

Le dictionnaire décrit la patience comme la *« vertu qui consiste à endurer avec constance et résignation les vicissitudes*[1] *»*. Ou encore, définition plus poétique : *« Tranquillité avec laquelle on attend ce qui tarde à venir ou à se faire*[2]. *»*

Pour que la rose éclose, il lui faut de la bonne terre, de la lumière, de l'eau et... du temps ! Attendre tranquillement.

1. Source : www.cnrtl.fr.
2. *Ibid.*

> L'homme qui est patient rassure. Celui qui rassure crée la confiance, car il sécurise aussi.

L'homme qui est patient rassure. Celui qui rassure crée la confiance, car il sécurise aussi. Mais en situation d'affaires et de travail, il est difficile de savoir attendre tranquillement. Quand toute une économie, une équipe, une organisation attend, il n'est pas évident de partager l'idée qu'il faut « patienter ».

Distinguons deux temps :

- Le premier concerne l'action à entreprendre. La rose, avant que le jardinier ne la voie éclore, nécessite que celui-ci prenne soin du rosier tout au long de sa croissance. Rien ne servira de tirer sur la tige. Comme le disait mon grand-père : « Il ne sert à rien de tirer sur les poireaux pour les faire pousser. »
- Le second temps, c'est celui qu'il faut se donner pour voir aboutir avec tranquillité « ce qui tarde à venir ou à se faire ». De même que la pousse d'une fleur nécessite de la patience, il faut donner le temps au temps pour que naisse l'alchimie dans la relation de gentillesse.

> Il faut de la patience et du temps pour voir éclore le fruit de son travail.

Exemple de patience « gain de temps »

Lorsque j'ai travaillé avec le groupe Accor, j'ai suivi Catherine, une responsable commerciale « grands comptes ». Elle venait tout juste de « prendre sa place », terme technique pour signifier la prise de poste d'une zone géographique plus ou moins large. Outre le fait qu'elle connaissait très bien son métier – elle était, en quelque sorte, « née » dedans –, elle avait d'autres savoir-faire que le commerce pur car elle avait aussi été *« revenue manager »*, métier de synthèse et de logistique commerciale destiné à mieux organiser le *cross-selling*, l'intelligence commerciale sur une « place ». Bref, Catherine sait qu'il faut du temps non seulement pour connaître sa zone, mais aussi pour rencontrer, créer une relation de confiance avec ses prospects et clients. Oui mais voilà, son boss a des objectifs élevés. C'est bien pour cela qu'il s'est « payé » une « top pro ». À qui il fait *a priori* confiance. Néanmoins, lorsque au bout de trois mois aucune nouvelle affaire n'a encore été signée, il ne peut s'empêcher de... perdre patience. Catherine, de son côté, est sûre d'elle. Elle rassure notre impatient, lui dit que ce qui devait être fait a été fait et que ce qui devait encore être entretenu l'a été. Pas un instant de « magie noire » ou d'incantation, pas de : « Je m'en remets à Dieu. » Non, que du factuel. Comme un athlète bien préparé arrive face à l'événement avec une grande confiance en lui, parce qu'il a fait tout ce qui était en son pouvoir. Le reste, c'est de l'alchimie : l'art, l'équilibre, le savoir « y » faire qui feront toute la différence. Et, comme par magie, les contacts de Catherine commencent à frémir. La patience commence à payer amplement, encore plus que ce qu'elle imaginait. Le terrain était sans doute plus fertile qu'elle ne le pensait. Elle dépasse ses objectifs. Et son patron est définitivement en confiance. Surtout, il est respectueux de cette grande pro.

Bon, il faut bien l'avouer, la patience a ses limites. Il ne s'agit pas de continuer d'attendre en vain. Difficile de trouver l'équilibre entre notre réflexe d'enfant tout-puissant qui « veut tout et tout de suite » et l'apprentissage, parfois douloureux, de la vie, où nous découvrons, en fonction de notre éducation et de la persévérance de nos parents, que les choses se font à leur rythme. Et que ce rythme nous échappe parfois.

Pas facile d'être patient dans un monde pressé !

Pas facile d'être patient dans un monde pressé !

Faire preuve de gratitude

Il arrive, professionnellement, que la relation de gentillesse et de confiance que l'on a créée fasse naître une véritable affection. Du coup, cette relation, parfois intimiste, laisse entrevoir des « détails », ou plutôt des profondeurs, de personnalité que l'on ne soupçonnait pas. D'ailleurs, souvent, le « client » devient un proche. La relation « commerçante, commerciale » laisse alors place à une relation amicale, chaleureuse.

La gratitude est un « *sentiment de reconnaissance et d'affection envers quelqu'un. Lien de reconnaissance envers quelqu'un dont on est l'obligé à l'occasion d'un bienfait reçu ou d'un service rendu*[1] ».

Exemple de gratitude « payante »

Gilles, pharmacien lui-même, est un ancien directeur d'une grosse société lyonnaise de pharmacie. Sans doute est-il plus sensible que d'autres aux maladies orphelines, car son épouse est atteinte d'une maladie qui ne laisse que peu de chances de rémission. Gilles croit au développement de traitements sur mesure, l'inverse de la « chimio » de cavalerie. Il sent, il sait qu'il peut aider à lutter contre ces maladies sournoises. Mais le groupe auquel il appartient ne souhaite pas développer cette piste « antistratégique », lui dit-on. Qu'à cela ne tienne, Gilles lance son bébé : une entreprise

1. *Ibid.*

biopharmaceutique, dont la mission est de mettre au point, puis sur le marché, des médicaments destinés aux maladies rares et graves. En quelques années, l'entreprise connaît une croissance extraordinaire, avec tout ce que cela comporte de difficultés. Car la croissance doit être gérée. Elle pose des problèmes d'organisation, d'hommes, de structures et de *process*, mais aussi de management.

Mission m'est confiée de mettre en place un mode de management transversal par « projet » pour faire face à cette folle croissance que vit chaque salarié, en prenant en compte à la fois son histoire individuelle et son court – mais intense – passé dans l'entreprise. Dans ce défi, je constate à quel point tous les acteurs sont investis, bien plus que dans n'importe quelle entreprise. Le principe même de ce type de médicament est qu'il est quasiment développé « sur mesure » pour un patient. Le secret médical rend occulte et impossible la personnalisation du malade. Mais, fréquemment, il est « surnommé ». On l'appelle Pierre, Paul, Caroline. On sait juste qu'il est un homme ou une femme, et qu'il a 18, 6 ou 56 ans. On le suit tous les jours, parce qu'on croit dur comme fer non pas que le médicament fonctionne, mais qu'on va le sauver ! Chacun suit la progression de la maladie après chaque phase du traitement. C'est un match contre la montre et la douleur qui se joue. Pas une industrie, une vente et du résultat. C'est la culture de Gilles, mais aussi celle de ceux qu'il a recrutés au fur et à mesure. Vous imaginez donc combien les femmes et les hommes sont engagés, parfois corps et âme.

> C'est un match contre la montre et la douleur qui se joue. Pas une industrie, une vente et du résultat.

Il m'est arrivé de consoler une chef de projet qui sanglotait comme une enfant. Elle avait perdu un proche, qu'elle n'avait jamais vu mais qu'elle soignait. Elle s'était, attachée non pas à la personne – elle ne la connaissait pas –, mais à l'histoire de sa souffrance et à la croyance de cette vraie possibilité de répit pour le malade.

J'accompagne l'entreprise de 2005 à fin 2007. Trois années durant lesquelles j'observe les progrès des uns et des autres. Gilles cherche, depuis quelque temps déjà, à faire entrer dans son capital des investisseurs internationaux qui pourront donner à son projet une dimension transcontinentale. Il gère, en parallèle, des difficultés personnelles et familiales qui auraient découragé plus d'un surhomme. Et il a récemment découvert, lors d'un séminaire de direction, que l'« on pouvait, devait même, montrer ses sentiments, et que cela permettait aux gens de comprendre vraiment l'homme, au-delà de la stratégie ». Il a changé en trois ans. Il est définitivement sorti du mode de management « grande structure » pour adopter une attitude plus ouverte et plus généreuse. Bien sûr, comme tout être humain, il pique parfois des colères et se laisse déborder par ses sentiments, mais il rattrape toujours « le coup ». Il sait être leader et visionnaire, tout en recadrant comme un manager.

Gilles m'apprend, en aparté, que son projet de développement à l'international est en train d'aboutir. Ça y est, il a... le mot est difficile à prononcer... vendu, cédé, négocié. À un groupe US, qui se paie avec cette entreprise un développement assuré. Bon réseau, bons produits, bonnes équipes. C'est aussi, pour Gilles, le moment de mettre sur orbite son œuvre, mais surtout le moment de se recentrer sur ceux qu'il aime par-dessus tout : ses deux fils et sa femme. De son « œuvre », il touche une coquette somme. Et comme il sait qu'il n'aurait pas réussi sans le travail de ceux qui ont participé à l'aventure, il tient à leur offrir – alors que rien ne l'y oblige –, par reconnaissance et gratitude, une belle part du gâteau. Il veut les remercier d'avoir supporté, dans la droite ligne de ses valeurs, un projet aussi humainement ambitieux, avant d'avoir – aussi – été un projet financièrement fructueux. Mais, comble du comble : lorsque Gilles propose aux salariés, plusieurs mois avant de réaliser la vente, de leur distribuer un bon nombre d'actions, dans le cadre d'un plan actionnarial, ceux-là mêmes qui toucheront par la suite un petit pactole râlent. Ils auraient été bien plus sensibles à une augmentation. Oui mais, bientôt, quand ils regardent leur compte en banque, ils éprouvent à leur tour de la gratitude !

Penser « positif »

L'homme authentiquement positif transmet un vrai sens créatif, constructif. Il pense « comment », avant de chercher « pourquoi ».

Le gentil, qui inspire confiance et respecte ses relations, a aussi une extraordinaire manière de penser, parler et agir « positif ». Il est naturellement orienté « solutions ». Il est tourné vers le futur, ce qui permet de ne pas remuer le couteau des problèmes dans la plaie des organisations. L'homme authentiquement positif transmet un vrai sens créatif, constructif. Il mobilise ceux qui sont affectés par une problématique ou touchés par un projet qui les bloque. Il pense « comment », avant de chercher « pourquoi » ; il cherche « comment » atteindre l'objectif. Ce qui l'intéresse, c'est le processus de résolution, bien plus que la cause, l'origine du « mal ».

Qu'il est facile de parler pendant des heures d'un « état problème » ! Regardez la télé et constatez. Écoutez nos politiciens et reconstatez ! Accablant. D'autant plus que le débat « négatif », la fouille des bas-fonds, fait recette.

La recherche d'une solution, en étant axé sur le *process*, permet de parler des causes avec légèreté et sans culpabilité, avec respect et sans critique. Je pars du principe, comme annoncé plus haut, que ce qui a été fait l'a été en croyant faire au mieux. Peut-être les personnes concernées l'ont-elles regretté quelques secondes ou quelques minutes après. Mais il n'en demeure pas moins que le choix d'agir de la sorte était le meilleur pour elles, à cet instant-là. Rester « positif », c'est donner cette chance de continuer d'avancer, ensemble, rassemblés, malgré les difficultés.

La recherche d'une solution, en étant axé sur le *process*, permet de parler des causes avec légèreté et sans culpabilité.

Avez-vous remarqué que nous avons deux façons de considérer le mot « problème » ? Le « problème », c'est la logique « question posée/solution à trouver », chère à nos mathématiciens et faisant appel à une volonté positive. Mais, avec le temps et l'évolution du langage, le « problème », c'est aussi devenu par extension le souci, la difficulté, l'ennui, qui n'impliquent pas nécessairement la recherche d'une issue et face auxquels nous avons tendance à rester passifs. Nous finissons par nous habituer à « expertiser » un problème, plutôt qu'à en trouver la solution. Nous sommes éduqués à penser « audit ». Nous cherchons à comprendre. Comprendre d'où viennent les problèmes, comment ils se manifestent, quelles sont les conséquences financières, commerciales, sociales qu'ils entraînent, à qui en imputer la faute...

Or, en posant des questions « centrées problème », nous mettons nos interlocuteurs dans une position désagréable. Ils se retrouvent enfermés dans ledit problème, sans vision sur ce qui pourrait le remplacer, focalisés qu'ils sont sur ce qui ne va pas. Et lorsqu'une équipe réfléchit de cette façon, en se bloquant sur le « pourquoi » de ses problèmes, elle perd son énergie, sa motivation. Chacun se sent pris à partie, jugé, et est tenté de se justifier, voire d'accuser. Impossible, dans ces conditions, de créer et d'entretenir une relation de gentillesse et de confiance. En outre, il est difficile de parler vraiment de ce qui ne « marche » pas, de « remuer la boue », car les dysfonctionnements et leurs causes réelles demeurent souvent des « non-dits ».

C'est bien sur cette pierre angulaire majeure – passer du « pourquoi » des problèmes au « comment » faire pour en sortir – que notre vision doit se fonder. Les hommes sont guidés par leurs objectifs. Ils peuvent mobiliser des ressources insoupçonnées quand ils ont une représentation concrète de ce qu'ils veulent réaliser. Ils sont capables non seulement de visualiser leurs buts, mais aussi de définir les étapes-clés et les rôles de chacun pour les atteindre.

> Rester « positif », c'est donner cette chance de continuer d'avancer, ensemble, rassemblés, malgré les difficultés.

Penser « positif » peut engendrer un changement profond. Cela vous oblige à donner de vous-même, avant de dérouler la procédure. Cela peut remettre en cause des années d'éducation et de culture communes.

> À vous de voir dans le pire de ce qui vous arrive le meilleur que vous pouvez en tirer et en retenir.

La réalité est ce qu'elle est. Vous seul avez le pouvoir de changer non pas cette réalité, mais l'idée que vous vous en faites. À vous de voir dans le pire de ce qui vous arrive le meilleur que vous pouvez en tirer et en retenir.

Exemple de vision positive en pleine spirale négative

Je me rappellerai longtemps mon ami Jacques et son rendez-vous manqué à Strasbourg, pour ce qui devait être la plus grosse affaire de sa carrière. Il l'a signée finalement, cette affaire, mais elle a failli être le théâtre du plus grand drame de la vie de ses proches. 20 janvier 1992. La date ne vous dit sans doute rien, mais elle est à jamais ancrée dans la mémoire de Jacques. Ce 20 janvier, il quitte son bureau pour se rendre à l'aéroport de Lyon. Son vol est aux alentours de 17 h 30. Habituellement, ce n'est pas le pire moment pour respecter le « timing » de l'enregistrement. Mais ce jour-là, il est pris dans des embouteillages. Il râle, tempête dans sa voiture. Il va rater son avion et ne sera pas à l'heure pour signer son contrat. Peut-être n'aura-t-il même jamais plus l'opportunité de le signer. Il est hors de lui, mais bien obligé de constater qu'il a raté son vol et, sans doute, son envol. Le vol Air Inter 148 pour Strasbourg, qui deviendra le fameux crash du mont Sainte-Odile. Comme dirait Lao Tseu, même dans le « tout négatif », il y a du positif.

> Même dans le « tout négatif », il y a du positif.

Celui qui, dans les occasions minimes comme dans les plus stratégiques, sait considérer en positif ce que la plupart verraient en noir sait « accrocher », rassurer, sécuriser et surtout inspirer ceux qui le côtoient.

Cette « magie », vous l'avez sans doute déjà ressentie lorsque vous rencontrez des gens qui semblent heureux, touchés par une sorte de grâce. Lisez, ou relisez, l'ouvrage *Illusions*[1] de Richard Bach, celui-là même qui écrivit *Jonathan Livingston le goéland*[2]. Vous y trouverez deux petites citations qui illustrent notre propos : *« Il n'est jamais problème qui n'ait un cadeau pour toi entre ses mains »* ; *« Tu cherches les problèmes parce que tu as besoin de leurs cadeaux »*.

Thierry Montfort, ancien directeur général des laboratoires Boiron, me glissa un jour, lors d'une conversation : « Tu sais, Franck, l'entreprise est une usine à problèmes. Pourquoi s'en plaindre ? Non seulement je suis payé pour les résoudre, mais, en plus, c'est un vrai bonheur de pouvoir le faire ! » Thierry est l'un des plus charismatiques directeurs généraux que l'entreprise ait connus. Il n'y a pas de fumée sans feu... Le feu relationnel !

Être déterminé

L'alchimiste relationnel – pas le jeune chimiste débutant, entendons-nous bien – sait manier, équilibrer, harmoniser les attitudes que nous décrivons dans ces pages. Parce qu'il maîtrise celle qui permet aux autres de prendre toute leur valeur : la détermination. Une forme de fermeté, qui vient au-delà et de surcroît à l'intelligence relationnelle fondée, elle, sur la capacité de flexibilité et d'adaptation à l'autre et au contexte. Expliquons-nous.

1. Richard Bach, *Illusions*, J'ai lu, 2000.
2. Richard Bach, *Jonathan Livingston le goéland*, Flammarion, 1998.

Lorsque vous vous engagez dans une démarche relationnelle de gentillesse qui vous incite à « creuser », vous glissez parfois sur des terrains obscurs, mystérieux. Souvent même, la tâche semblera tellement ardue que votre premier réflexe sera de faire demi-tour, de prendre la fuite : d'abandonner, au sens de désertion. C'est un signe ! Il faut bien des signes lorsque l'on veut devenir alchimiste. En voici un. Et un beau : la peur, celle qui vous fait prendre vos jambes à votre cou. Que seraient devenus nos grands hommes si, chaque fois qu'ils s'apprêtaient à présenter une nouvelle idée, une découverte scientifique, une volonté de changement, ils avaient fait volte-face, « pirouette cacahuète » ? S'ils n'avaient pas fait preuve de détermination ? Pas grand-chose.

La détermination est essentielle. Au même titre que le leader – politique, social, entrepreneurial – doit avoir une « vraie » vision de demain et de l'incertain, il doit aussi avoir la capacité (et donc la volonté) de la partager, de manière consensuelle, relationnelle. Ce qui donne confiance, c'est la capacité à résister aux critiques des autres, mais aussi aux siennes propres. Lorsque vous avez « le monde entier contre vous », il est parfois difficile de faire preuve de détermination et de s'accrocher, coûte que coûte, à ses idées.

Ce qui donne confiance, c'est la capacité à résister aux critiques des autres, mais aussi aux siennes propres.

François Bayrou en fait les frais. Nous le sentons « droit dans ses bottes » et il défend, envers et contre tous – avec sa diction d'ancien bègue dont se moquent les médias et les « bien influencés » –,ses idées et ses propositions. Certes, il n'a peut-être pas le « ton » des hommes politiques du moment, mais il est déterminé. Il construit sa crédibilité. Il survit aux sales critiques. Il lui faut encore persévérer, dans un monde médiatique bien peu réceptif – sauf quand il le décide – aux idées nouvelles bousculant les idées reçues. Enfin, à notre (très) humble avis...

De la détermination, de cette solidité d'âme, naît le sentiment captivant, séduisant, de sécurité.

De la détermination, de cette solidité d'âme, naît le sentiment captivant, séduisant, de sécurité.

Mais comment trouver cette détermination ? Repérez le moment où vous flanchez, le « signe » que vous êtes sur le point d'abandonner. Lorsqu'il vous devient difficile de continuer de regarder « gentiment » les choses, l'esprit ouvert et positif tel que nous l'avons décrit plus haut, et que votre petite voix intérieure vous crie : « Laisse tomber ! », c'est là qu'il s'agit de persévérer, de s'accrocher à sa volonté, de s'agripper à ses idées ; d'être congruent. Dites-vous : « Je garde mon cap. Je fais un petit pas, tout petit, mais qui me montre que je suis encore déterminé. Il y aura, sans doute, un moment – demain, plus tard – où je pourrai faire un plus grand pas. Mais là, maintenant, je tente le PPPPP : le Premier Plus Petit Pas Possible. »

Du PPPPP va naître votre crédibilité. Celui qui persévère là où tout le monde le donne perdant gagne non seulement l'estime de lui-même – ce qui n'est pas rien –, mais aussi l'estime des autres. Mieux : sa CRÉDIBILITÉ. Or, comme nous l'avons vu, sans crédibilité, pas de relation de gentillesse. Et sans détermination, pas de crédibilité. Donc pas de confiance !

Celui qui persévère là où tout le monde le donne perdant gagne sa CRÉDIBILITÉ.

Bien sûr, écouter les critiques permet d'enrichir son action, de changer ce qui doit l'être. Mais, outre l'attention, doit rester la détermination.

La persévérance se trouve dans l'action, mais également dans la pensée qui guide l'action.

Exemple de niveaux de détermination

Premier niveau : la persévérance dans l'action

Lorsque j'ai travaillé auprès de la Fédération française de tennis, au Centre national d'entraînement Roland-Garros, j'ai suivi les jeunes joueurs montants, les « espoirs ». J'ai participé de près à la naissance de l'équipe de France espoir, d'où écloront Nicolas Escudé, Sébastien Grosjean, etc. De si près qu'il m'est arrivé d'avoir mal aux tripes et la gorge serrée lors de certains matchs accrochés. Un jour – je l'avoue aujourd'hui, pardonne-moi Nicolas –, j'ai « lâché » le match avant qu'il ne soit fini. Au moment où lui allait se battre jusqu'au bout. J'ai quitté le terrain, dégoûté, blasé, désabusé, au score que je pensais irréversible : deux sets à presque rien. Un embryon de second set même, puisque l'adversaire de Nicolas bénéficiait déjà de trois balles de match. Mais le match n'était pas fini pour autant… Je guettais, malgré tout, les clameurs : des cris, des silences. J'eus presque la tentation de revenir à ma place. Mais ma sensibilité (je ne parviens pas à regarder un match de foot, de rugby ou de tennis à enjeu) m'empêchait définitivement de rebrousser chemin. Nicolas, lui, en grand champion, s'était accroché. Lors de cette phase finale d'un tournoi satellite en Espagne, il gagna l'une de ses plus belles qualifications.

Second niveau : la persévérance dans la pensée qui guide l'action

Autrement dit, croire en soi, croire en l'autre, avoir confiance en soi et dans ce que nous réserve la vie. Être déterminé, comme le souligne Alexandre Jollien, ce n'est pas s'accrocher à des faux-semblants et à des croyances somme toute peu réalistes, du type : « Cette année, la croissance revient… » (Alexandre Jollien, lui, dit : *« Un jour, je*

> Être déterminé, ce n'est pas s'accrocher à de faux-semblants et à des croyances peu réalistes. C'est être centré sur ce qui dépend de soi.

serai guéri »). C'est simplement être « ici et maintenant », présent à ce que l'on fait, centré sur ce qui dépend de soi (et non d'une probabilité hasardeuse), permettant de se dire : « La guérison, c'est ici et maintenant. » Comme Milton Erickson s'est pris en main pour vaincre, chaque heure de chaque jour de chaque année, les spasmes de polio de sa petite sœur, laquelle a réappris à bouger, à marcher !

En fait, la détermination, il faut l'essayer pour savoir si ça marche... et l'adopter. Il faut être déterminé à obtenir ce que l'on veut avec patience, obstination, réalisme et courage. Nicolas Escudé a gagné son match. Il a gagné, ce jour-là, bien plus qu'un match : il a gagné la confiance en lui, l'estime de lui et celle des autres.

Il faut être déterminé à obtenir ce que l'on veut avec patience, obstination, réalisme et courage.

Lorsque vous tenterez des actions relationnelles avec votre entourage, soyez déterminé, persévérez, allez au bout du match. Autorisez-vous aussi à abandonner, si vous n'en « pouvez plus ». C'est aussi une forme d'avancement. Cela peut donner le courage de repartir. Les situations inextricables sont riches de cadeaux !

Rire, avoir de l'humour et être léger

Avoir le sens de l'humour, c'est une manière de prendre le recul nécessaire sur les sujets qui nous touchent mais qui, au fond, ne sont pas si graves. C'est LE moyen de créer et d'entretenir une belle relation. Depuis longtemps, le « travail » n'est plus synonyme de « souffrance », et le « tu souffriras pour vivre, pour enfanter » est bien révolu. Non pas que cette souffrance n'existe plus, loin s'en faut. Mais c'est tellement plus agréable de prendre du plaisir dès qu'on le peut. Pourquoi revêtir un habit de plomb dans son travail, alors que nous sommes parfois si pleins d'entrain dans la vie ?

Personnellement, je garde un attachement particulier au rire et à l'humour et ce, depuis l'enfance. Je suis né avec une double cataracte congénitale et mes yeux, qui tournoyaient derrière d'épaisses lunettes à coques, me valaient le surnom de « Coco Bel-Œil ». Inépuisable sujet de rigolade. Cette forme d'infirmité, je l'ai transformée en réel avantage. Quitte à faire rire, j'ai décidé de devenir le pitre de service, celui qui faisait éclater de rire la classe entière lorsqu'il récitait, de façon théâtrale, les Fables de La Fontaine. J'ai découvert, en masquant ma souffrance de môme, un artifice extraordinaire pour me rapprocher des autres… et les faire m'aimer. Cette forme d'humour, cette manière de rire de presque tout, aurait pu m'envoyer sur les planches. Ce sera pour une autre vie. Néanmoins, dans celle-ci, le « prendre le lourd à la légère » ne m'a jamais quitté. Cela fait intimement partie de ma façon de vivre et de m'engager dans une relation… qui m'importe sérieusement. On peut faire des choses très sérieuses sans jamais se prendre au sérieux. Entre autres résultats, cette manière d'être, y compris face aux sujets délicats, permet d'évacuer les tensions, de rapprocher les hommes. Le rire est désopilant parfois. Il vide le ventre et la tête. Quoi de mieux que de se gondoler, de se tordre de rire, dans des moments extrêmement tendus ?

> On peut faire des choses très sérieuses sans jamais se prendre au sérieux.

Mais attention : pas question de rire dirigé contre l'autre. Lorsque le rire devient moquerie, ce n'est plus du rire, mais de la tristesse déguisée. De la bêtise travestie en gloussements, de la connerie pure fagotée en raillerie ! Ce dont je parle, c'est de l'humour direct, ou, parfois, du second degré à l'anglaise, le pince-sans-rire, dans la mesure où il n'est pas moquerie envers autrui.

Exemple de rire plus efficace que n'importe quel *team-building*

J'ai en mémoire une scène extravagante. Une histoire drôle façon Benny Hill. Un morceau de vie qui vous reste et qui continue de vous faire rire, chaque fois que les personnes concernées l'évoquent. La scène se passe dans un restaurant, à la suite d'un séminaire. Nous avions tous travaillé dur. Les sujets abordés n'étaient pas de toute gaieté. C'est sans doute pour cela que l'ambiance du repas est très vite devenue légère : il fallait décompresser. Le vin aidant, les langues se délient et les blagues fusent. On commence « sérieusement » à rire de tous bords. Une des collaboratrices, Jacqueline, se retrouve quasiment pliée en deux, à en avoir mal au ventre. Elle se lève pour aller se calmer aux toilettes et réapparaît quelques minutes plus tard, encore les larmes aux yeux. Cette fois, à son grand étonnement, ce n'est plus seulement de la gaieté mais de francs hurlements de rire qui l'accueillent. Jacqueline, dans sa précipitation, s'est rhabillée rapidement et l'arrière de sa jupe se trouve... coincé dans sa petite culotte, laissant apparaître, à son insu, son fort auguste postérieur. Dix minutes de rires partagés sans pouvoir nous calmer. Voilà un vrai moment de bonheur. L'équipe ne s'est jamais autant rapprochée que ce jour-là, ces minutes-là plus précisément.

Quel que soit le contexte, ce que nous retenons, ce qui nous séduit, c'est souvent ce qui nous fait rire de bon cœur.

Bien sûr, il ne s'agit pas de rire de tout et de n'importe quoi. Mais, dans cette alchimie de la gentillesse, de comprendre que celui qui se prend trop au sérieux n'a que très peu de chances d'attirer la sympathie... et la confiance. Quel que soit le contexte, ce que nous retenons, ce qui nous séduit, c'est souvent ce qui nous fait rire de bon cœur. Les femmes disent être attirées par les hommes qui les font rire. Les hommes se déclarent sensibles aux femmes qui ont le sens de l'humour. Le chef d'entreprise qui sait rire, et encore plus de lui-même, est un homme que l'on a envie de suivre. Un chef d'État, malgré l'aspect respectable et prestigieux de la fonction, gagne à être simple, accessible. L'humour le rapproche des citoyens. Il crée un côté intime. On se sent tout de suite bien avec celui qui nous fait rire. C'est un merveilleux atout que de savoir faire rire, et surtout de soi !

Être congruent, encore et toujours

La congruence au niveau personnel

Depuis le temps que nous vous le rabâchons ! La congruence : la CON... QUÔA ? La congruence est, à l'origine, un concept mathématique (reportez-vous à vos cours de terminale), dont se sont emparés les thérapeutes, les linguistes et les psychologues – notamment Carl Rogers : vous la constatez concrètement lorsque ce que vous êtes, votre personnalité profonde, colle avec ce que vous pensez, vos convictions, vos croyances, vos valeurs, ce que vous ressentez. Et ce que vous dites et démontrez par vos actes et vos comportements. Bref, quand vous observez et « saisissez » quelqu'un tout entier derrière ses mots, il est « congruent ». S'opère alors un accord parfait entre son comportement externe (mots, langage comportemental – gestes, microcomportements...), son processus de pensée (ce qu'il pense vraiment) et son état interne (émotions, ressenti). Et c'est précisément LÀ que la magie opère !

Celui-là séduit, entraîne, communique efficacement.

Les grands spécialistes de la communication estiment que 93 % de ce que nous communiquons est non verbal, comportemental, et donc que 7 % seulement des messages que nous envoyons passent par les mots. Précisons que, dans ces 93 %, 55 % ont trait à la gestuelle pure et aux microcomportements (mimiques, coin de bouche qui se raidit, fameux « rire jaune », petite plissure de l'œil qui apparaît, tension des mâchoires, postures sur une chaise...) et 38 % seulement sont liés à ce qui met en musique les « paroles » : le ton, l'intonation, le rythme de parole, le volume sonore. Au risque de nous répéter, insistons : la personne congruente, et que vous allez croire, est celle dont les mots collent parfaitement à ses comportements.

> Quand quelqu'un est « congruent » s'opère alors un accord parfait entre son comportement, son processus de pensée et son état interne.

Maintenant, et c'est là que les choses se compliquent, il va vous falloir apprendre à être congruent et à repérer ceux ou celles qui ne le sont pas...

Premier point : peut-on apprendre à être congruent ? Eh bien non ! On n'apprend pas à être authentique. On l'est, ou on ne l'est pas. Ne pas l'être et chercher à faire croire le contraire, c'est prendre le risque de se laisser trahir par des signes non verbaux, ou même verbaux (lapsus).

> Ne pas être congruent et chercher à faire croire le contraire, c'est prendre le risque de se laisser trahir par des signes...

Second point : comment repérer ceux ou celles qui ne le sont pas ? Faut-il croire ceux qui semblent congruents ? Ne sont-ils que de très bons comédiens ? Certains propos d'un Bernard Tapie, d'un François Mitterrand, sont-ils « du lard ou du cochon » ? Il va vous falloir faire preuve d'assiduité et d'observation... dans le temps.

Abraham Lincoln, grand président américain, nous délivre, en substance, une vérité : *« On peut tromper quelqu'un tout le temps, on peut tromper tout le monde quelque temps, mais l'on ne peut pas tromper tout le monde tout le temps !* » Parce que, une fois les manipulations décryptées, tout bien considéré, il en est ainsi : il est impossible de ne « pas communiquer ». Si vous êtes en vie, vous communiquez. Même quand vous ne souhaitez pas le faire, c'est une forme de communication. Petit conseil : méfiez-vous des personnes qui utilisent les expressions suivantes : « Il faut... », « Je vais essayer », « Sincèrement... », « Vraiment... », « En réalité... ». Elles risquent de n'être pas congruentes. Observez leurs comportements pour voir s'ils s'« alignent » sur leur discours.

Il y a aussi les propos sarcastiques, l'humour « second degré » façon *Guignols de l'info*. Le bon mot qui fait bien rire, sauf celui qui est visé. Un humour « à vendre » qui ne saisit pas forcément la portée de ses piques : non congruent avec les auteurs comme avec les victimes !

L'humour au second degré est une forme déguisée permettant de faire passer des vérités. Cela ne remet pas en cause l'humour. Cela remet en cause la manière dont on l'utilise. Parfois, comme le fou du roi, impossible de dire autrement une vérité « déguisée ».

Exemples de non-congruence aux résultats catastrophiques

Les deux plus beaux exemples auxquels nous avons tous assisté sont les déclarations de Dominique Strauss-Kahn et Jérôme Cahuzac. Ces hommes politiques ont-ils, comme certains le prétendent, suivi les mêmes *media trainings* ? Je ne sais pas. Ce que nous savons, en revanche, c'est que le résultat est effrayant. À la fois pour celui qui est devant son poste de télévision et qui n'est dupe de rien, et pour celui qui est face aux caméras et qui semble ne pas se rendre compte que son travail de préparation, son exigeant entraînement, l'enfonce dans un manque d'authenticité monstrueux. Et ce sont justement ces carences de vérité humaine qui vont s'inscrire dans les mémoires, bien plus profondément que les fautes (graves) pour lesquelles il se travestit.

Nos deux hommes publics, comme tant d'autres, voire tout un chacun, ont appris à être maîtres de leurs sentiments ? On les a formés à se déformer. On leur a même « mis dans la tête » que s'ils étaient bons dans le larmoyant, ils seraient convaincants ? Alors, ils récitent les mots appris par cœur (cherchez l'erreur) et placent les réponses *ad hoc* aux questions « bien à propos ».

« Attachons »-nous au cas DSK, « exemplaire ». Son interview sur TF1 du 18 septembre 2011 s'oriente bientôt vers un questionnement technique, économique, qui prend de la distance avec les événements sexo-judiciaires dont il est l'objet. D'un seul coup d'un seul, l'interviewé redevient lui-même. Le ton de sa voix se fait profond, le rythme de sa diction s'accélère. Son visage se détend, et il apparaît totalement naturel. Il en redevient même convaincant. Il séduirait presque ! Il est lui-même authentique et il « passe bien », diront les spécialistes. Mais ça, c'est à la suite de la première partie de l'échange, qui a été « montée », préparée, pas du tout naturelle, superficielle, et qui est apparue comme... artificielle. Seulement voilà : aucun téléspectateur n'a oublié la « fausse » première partie...

Le cas « Jérôme Cahuzac » n'est pas mieux. Pire : le ministre n'a même pas eu la chance d'avoir sa minute « technique ». Trop à faire pour se sortir de son fameux : *« Je vous le dis les yeux dans les yeux. »*

Il n'y a pas d'apprentissage manipulatoire pour apprendre à être congruent, puisque cela consiste à être comme on est vraiment.

C'est toute la difficulté, ou plutôt l'implacable vérité. On est, ou on n'est pas, congruent. La congruence se travaille, mais sans doute pas en *media training*. Il n'y a pas d'apprentissage manipulatoire pour apprendre à être congruent, puisque cela consiste à être comme on est vraiment.

Exemple de rappel à la congruence

Lors d'une mission auprès de Fleury Michon, j'avais pour objectif premier d'accompagner le service recherche et développement vers une meilleure communication, et donc une plus grande efficacité. Un membre éminent de l'équipe, ayant de lourdes responsabilités sur les choix culinaires d'avenir de l'entreprise, avait la fâcheuse manie de ne pas arriver à l'heure à ses rendez-vous internes, ce qui signifiait : « Je suis attentif à mes rendez-vous externes, mais vous, vous avez moins d'importance à mes yeux. » Chacun en était plus ou moins personnellement touché, et souvent ces retards répétitifs excédaient et désorganisaient l'équipe. Mais que faire face au « *pattern* comportemental » de cet homme, élève d'un célèbre cuisinier, qui a l'autorité d'un chef et ne supporte pas la critique ? Pas question de franc-parler, rien que des allusions indirectes, multiples et variées, pour éventuellement, sans le brusquer, lui « faire comprendre » ses excès. Son assistant le plus proche se risqua un jour à porter le plus clairement possible une critique (sous couvert, tout de même, d'une bonne blague). Lors d'une journée de formation, le « retardataire en chef » arriva comme à l'accoutumée : en retard. Et son assistant de tenter un : « Ah, je vois que tu es encore à l'heure ce matin. » Et tous de pouffer de rire. Sauf un dans l'auditoire. Un qui ne broncha pas et qui fit mine de ne pas comprendre, qui ne réagit absolument pas. Le « chef ». Il finira par rectifier ses assaisonnements relationnels... après une explication des plus directes, provoquée par cette tentative humoristique avortée de l'assistant.

Nous en retiendrons que la communication non congruente laisse une grande place à l'interprétation. Carl Rogers parle de « métamessage » : un second niveau de message, qui crée la confusion. Qui crée, au mieux, l'interprétation et, au pire, le virus. De pensée. L'interprétation tellement vraie (parce que basée sur du factuel soi-disant vérifié) qu'elle en devient référentielle. On s'y rattache et on la communique aux autres comme le virus de la grippe : aussi vite et aussi rapidement. Et d'autant plus que tout se propage *via* Internet !

La congruence au niveau collectif

Un mot, maintenant, sur la congruence, ou le manque de congruence, des systèmes organisés – une entreprise, un service, une *business unit*, mais aussi un « parti », une administration, une région, un pays, une équipe de sport... Car la force de la congruence individuelle peut s'appliquer au groupe. Une entreprise, par exemple, est congruente lorsque son langage verbal (sa publicité *« below and above the line »*), son langage non verbal (ses produits et services), mais aussi sa personnalité profonde (ses valeurs, son histoire, sa « conscience collective » portée par tous ceux qui, de près ou de loin, sont en rapport avec elle), sont alignés et envoient donc des signes « cohérents ».

Aujourd'hui, il est essentiel de délivrer un seul et même message cohérent, mais aussi de s'assurer que ce message « colle » avec la réalité des services et des produits vendus ou proposés. En effet, vous n'êtes pas seul, directeur marketing, chef d'entreprise ou chef de publicité, à agir sur l'image. Il vous faut veiller à ce que votre organisation, votre structure, vos partenaires, vos fournisseurs, vos revendeurs, votre force de vente – qui chargent le produit ou les services de LEUR propre image – soient « congruents », alignés avec votre communication publicitaire.

Et ce, d'autant plus que les temps changent. L'avènement du Web 2.0, l'accélération du phénomène de réseau avec Twitter, Facebook, LinkedIn, Viadeo et autres blogs, et la vitesse de propagation que cela permet, accélèrent encore le phénomène bien connu de « bouche-à-oreille ». Je crois me rappeler une publicité pour une agence Web, qui disait : *« Nos mères se confiaient à UN journal intime, lu par une personne. Aujourd'hui, leurs enfants se confient à une page Facebook lue par 25 000 personnes ! Aujourd'hui, avec une phrase de quelques caractères, on déclenche une révolution. »*

Chaque personne qui travaille au sein de votre entreprise, votre « boîte » (plus hermétique du tout !), ou qui y est confrontée (un partenaire, un collaborateur, un voisin, un ami d'un collaborateur, etc.), devient potentiellement un « média ». Mais ce média échappe totalement à votre contrôle ! Vous subissez à 100 % ce que chacun aura envie de dire, de colporter. Si votre entreprise communique, par exemple, sur la qualité de service que vous offrez, et que, dans le même temps, vous n'écoutez pas vos collaborateurs, mettant même sur la force de vente une pression folle pour « vendre plus » et à tout prix, avec des objectifs très élevés, non acceptés, ben... *« Y en a qui ont essayé... Ils ont eu des problèmes[1] ! »*

Si l'on ne s'attache pas à solidifier, à partager avec tous ceux que l'on côtoie ce que nous sommes profondément, alors ce que les gens percevront à notre contact, en tant qu'entreprise, risque d'être tellement décalé de la réalité que notre contenu de marque, notre image, notre « RÉPUTATION » peuvent s'en trouver secoués, bousculés, bouleversés, écornés. Et cela, en un clic !

> Si l'on ne s'attache pas à solidifier ce que nous sommes profondément, alors notre « RÉPUTATION » peut s'en trouver bouleversée.

Theodore Levitt, économiste américain et professeur de marketing à la Harvard Business School, était souvent cité par mon père, Pierre Martin, dans le cadre de ses conférences sur la marque. Il rapportait en substance les mots suivants : *« Une assourdissante cacophonie noie les clients. Il est essentiel que tous les messages soient coordonnés, soigneusement, pour raconter la même histoire, simple et convaincante. Sinon, l'entreprise ne passera jamais le colossal bruit de fond qui la sépare de sa clientèle. Plus les messages sont fragmentaires, contradictoires, discordants, plus le consommateur sera troublé, incertain et mécontent. Et il débranchera son sonotone. Au contraire, plus les messages seront complémentaires, cohérents et coordonnés, plus ils auront de chances d'entraîner des ventes. »*

1. Expression de Chevallier et Laspalès dans leur sketch « Le train pour Pau ».

Ce qui naît de cette communication réellement « alignée », c'est une vraie relation de confiance : entre une marque et ses consommateurs ; entre une entreprise et ses collaborateurs ; entre un staff sportif et son équipe ; entre une équipe et ses supporters ; entre une institution et ses membres ; entre un gouvernement et ses citoyens ; entre un média et son public.

Depuis 1991, notre entreprise Congruences s'attache à affiner une méthode unique, une manière de faire, d'opérer, de cuisiner (qui s'enrichit de jour en jour de la multiplication de nos expériences dans tous les domaines) que nous appelons le « management humain » (pour ne pas dire humaniste)... Ce que les phénomènes de mode nomment aujourd'hui *appreciative inquiry*. Et nous constatons que jamais l'avènement des hautes technologies de la communication et les évolutions socio-économiques, mettant souvent en opposition business et humanisme, rentabilité financière et bonheur, ne nous ont autant donné raison.

La congruence, c'est la manière dont TOUTE organisation se DOIT de construire son existence.

La congruence, c'est la manière dont TOUTE organisation – politique, entrepreneuriale, sportive, sociale, familiale – se DOIT de construire son existence pour permettre non seulement que sa réputation colle, s'aligne avec ce qu'elle est, mais aussi que chaque membre qui la compose ait l'envie, la motivation, l'énergie et les savoir-faire pour interagir dans un même sens. Il s'agit de communication intégrale, d'alchimie résolument progressiste.

Mais cette alchimie de la gentillesse, celle qui crée l'harmonie des hommes et des stratégies, n'est possible que si celui qui est à la tête de la structure la recherche vraiment et est prêt à donner de lui-même...

Définir un cadre et le faire respecter

Adopter ce type d'attitude, à savoir définir un « cadre », une loi, une règle, peut paraître antinomique avec la souplesse relationnelle que nous avons défendue jusqu'ici. Et pourtant, la règle du jeu, le cadre donné à un projet, à une équipe, est bien ce qui va permettre à chacun de ses membres de se sentir à la fois en confiance et respecté. À la condition que ces règles soient les mêmes pour tous, qu'il n'y ait aucun passe-droit. Sans quoi il pourrait y avoir rupture de confiance. Nous allons y revenir.

Être intransigeant avec le respect du cadre donné, c'est s'assurer de la pérennité de sa structure, quelle qu'elle soit. Dans une équipe de sport, le protocole écrit, au-delà des rituels, fait foi. Attention d'ailleurs, dans tous les contextes collectifs, à ces fameux rituels qui, parfois, se confondent avec le cadre. Le rituel est un cadre non écrit, verbal, coutumier, qui s'installe soit parce qu'il n'y a pas de « loi », soit parce que l'on s'est permis de ne pas respecter cette loi (peut-être n'en a-t-on pas rappelé les fondements).

Par exemple, dans certaines entreprises, la pause cigarette est encadrée. Elle délivre un temps et un lieu précis pour cette activité. Mais « la coutume », le rituel, fait que chacun, souvent, dépasse allègrement le temps imparti. Autre exemple. Dans certains métiers, comme la publicité, le cadre donne un horaire de démarrage à 9 heures. Mais le rituel veut que les « créatifs » échappent à cette règle et arrivent « quand ils le veulent ». En général tard, puisqu'ils travaillent tard, et d'autant plus qu'ils commencent tard... Bref, il est « admis » qu'ils soient « du soir ». Et voilà comment s'installent des différences, qui elles-mêmes créent parfois des disparités de traitement et, par la suite, une rupture de confiance. Car voilà : il ne peut y avoir de différence de traitement lorsque vous recherchez la confiance. Regardez, ne serait-ce que dans l'éducation des enfants, ce qui se passe lorsque, par mégarde, vous n'êtes pas juste, équitable entre deux frères. Vous donnez à l'un, mais pas à l'autre. Vous punissez l'un, mais pas l'autre. Vous savez très bien – chacun de nous l'a expérimenté – que cela aboutit à du ressentiment et de la frustration. En général, cela « casse » la relation, et parfois même la confiance. Il sera nécessaire de « se rattraper ».

Il ne peut y avoir de différence de traitement lorsque vous recherchez la confiance.

Autre contexte. Nous vivons depuis de nombreuses années cette forme d'inégalité de traitement entre le monde politique au pouvoir et celui des citoyens, quand le premier conserve son train de vie, mais qu'il est demandé aux seconds de faire des sacrifices pour baisser la dette du pays. Lors des dernières campagnes présidentielles, ce fut l'un des chevaux de bataille que chaque parti s'est empressé d'enfourcher, et sur lequel s'appuient les extrémistes. Une grande partie de l'actualité le souligne d'ailleurs. Le problème, c'est que chaque accroc au cadre est une entaille dans la confiance. Lorsqu'on en parle ouvertement et que cela peut être très vite corrigé, la faute d'inattention est acceptable, cela ne porte pas à conséquence. Mais si l'injustice n'est pas réparée, il y a une double frustration... qui peut se propager vite, très vite.

Chaque accroc au cadre est une entaille dans la confiance.

La malhonnêteté « aggravée » par le manquement au cadre crée les contextes de révolte. Et si vous ajoutez à cela un traitement « inhumain », vous avez entre les mains une poudrière en devenir.

La malhonnêteté « aggravée » par le manquement au cadre crée les contextes de révolte.

Les situations de blocages sociaux que nous avons pu constater, voire vivre, ces dernières décennies naissent de cette même logique. Les collaborateurs se sont, à un moment ou à un autre, sentis méprisés, tenus à l'écart et floués par des actes qui contredisaient soit les règles, soit les propos et les engagements oraux de l'entreprise. Lorsque Jacques Chirac se permit de dire un jour : « Les promesses n'engagent que ceux qui les croient », je suis personnellement tombé de mon siège. La messe était dite !

Autre domaine encore. Au sein des équipes de football, les tensions ont souvent pour origine les différences de traitement des joueurs, alors que le cadre est le même pour tous. La force d'Aimé Jacquet, avec l'équipe de France 1998, a été non seulement de redéfinir les règles, mais aussi de les faire respecter par l'ensemble des joueurs de la même manière, sans passe-droit ni favoritisme.

Voilà pourquoi toutes les organisations – sportives, gouvernementales, entrepreneuriales – qui ne respectent pas le cadre et ne savent pas le faire respecter sont vouées à la rupture de confiance. Et donc de la relation.

C'est grâce au cadre que l'on peut être factuel, donc objectif. Cette objectivité est une forme d'honnêteté et de droiture. Lorsque vous devez intervenir dans un conflit entre deux collaborateurs, ou deux membres de votre famille, vous devez faire preuve d'objectivité, et donc, sans aucun esprit de jugement (qui sommes-nous pour juger les autres ?), vous en référer à du factuel. Alors, vous serez un « juste », un gentil.

C'est grâce au cadre que l'on peut être factuel, donc objectif. Cette objectivité est une forme d'honnêteté et de droiture.

Exemple de cadre respecté au-delà des envies d'indulgence personnelles

Lors d'une mission auprès de Fabrice, directeur de site dont nous avons déjà parlé, il m'a été donné de vérifier à quel point le respect du cadre était primordial. Fabrice a toujours dirigé son site logistique d'« une main de fer dans un gant de velours ». Il a toujours eu la réputation d'être un homme de grande justice et d'une grande écoute, d'une grande humanité. Ce qui ne l'empêche pas de « monter au rideau » de temps à autre, notamment lorsqu'il a en face de lui des gens malhonnêtes. Mais, ce jour-là, ce n'est pas un cas de « mauvaise foi » qui lui cause tracas.

En logistique, pour travailler vite et mieux en termes de qualité et de justesse, les préparateurs de commandes sont équipés d'un matériel assez sophistiqué : un système de précommande vocal, une sorte de walkman, appelé *talkman*, relié avec le fichier stock et les commandes passées par les clients. Une voix, que les préparateurs peuvent à souhait ralentir ou accélérer, leur dicte l'allée, le rang, le nombre de colis à charger et la palette à compléter ou à « monter ». Le matériel coûte cher. La règle établie est donc simple : chaque préparateur a la responsabilité de son outil de travail. Et pour que cette responsabilisation soit « réglementaire », Fabrice tient à ce que ses chefs d'équipe fassent signer, dès l'embauche, un document de prise en charge aux préparateurs. Une forme d'engagement (même si l'entreprise n'en viendrait pas à faire payer le *talkman* en cas de problème).

Abdel est un ancien du site, un homme d'un certain âge. Chef d'équipe, il a gravi, comme Fabrice, les échelons de l'entreprise avec le temps. Il est fier d'être cadre. Il a toujours eu les félicitations de son encadrement et est totalement dévoué à l'entreprise qui a fait de lui un homme reconnu et apprécié. Fabrice compte particulièrement sur lui. Dans son équipe, qui comporte environ une quarantaine de personnes, Abdel connaît tout le monde. Il est en confiance avec chacun et la réciproque est vraie. Pourtant, aujourd'hui, l'un de ses préparateurs va commettre une grave faute d'inattention... Un jeune, très performant, prend sa pause, pour souffler un peu et boire son café, accompagné d'une bonne cigarette. Il pose délicatement son *talkman* sur la palette qu'il vient de finir de monter. À son retour, la palette a disparu, chargée dans le camion par le transporteur pressé et déjà sur la route. Le jeune ne peut que constater que sa pause a été longue, trop longue. L'information remonte à la direction et redescend directement vers Abdel, sous la forme d'une convocation. Abdel a oublié, ce matin, de faire signer à son jeune collaborateur la prise en charge du matériel. C'est le sujet de la discussion entre lui et son directeur. Fabrice lui rappelle les règles, le cadre, qui stipulent qu'en cas de manquement, le chef d'équipe reçoit un avertissement officiel. Fabrice est déchiré. Il apprécie particulièrement l'homme. Abdel, lui, compte sur l'indulgence de Fabrice. Mais la loi est la loi. Le moindre manquement à la règle se diffuserait comme une traînée de poudre. Un site logistique est un lieu où la paix sociale est d'un équilibre précaire, instable. Alors, Fabrice explique. Il redit à Abdel toute la confiance qu'il a en lui, le rassure sur le fait qu'il est lui-même certain que cela ne se reproduira pas, mais lui rappelle également que tout le site sera particulièrement attentif à la manière dont le « patron » saura faire respecter la loi de façon impartiale. Pour ces raisons, il applique la règle, lui donne un avertissement. Abdel lui « fera la tête » quelques semaines. Puis il reviendra le voir et lui dira qu'il a compris la leçon : le cadre est le même pour tous. Son application est LE rempart contre l'injustice.

Le cadre est le même pour tous. Son application est LE rempart contre l'injustice.

Communiquer, échanger, parler, informer

Mon père, qui avait fait son service militaire dans la marine, me racontait qu'il y avait deux niveaux de communication à bord : la communication officielle, faite dans les briefings par le staff, et celle de « Radio Poulaines », autrement et crûment dit : Radio Chiottes. Expliquons-nous. La poulaine était, il y a fort longtemps, la partie avant et basse des bateaux, une sorte de plateforme qui permettait aux marins de manœuvrer plus facilement les voiles du mât de beaupré. C'était aussi l'endroit favori où lesdits marins se retrouvaient parfois pour discuter, en même temps qu'ils rendaient à la nature ses excédents. C'est là que circulait l'information officieuse.

Il faut bien comprendre que l'information, même si vous tentez de la contrôler par les plus astucieux et les plus technologiques des subterfuges, finit toujours par circuler et éclater au grand jour. Y compris les plus grands mystères. Il n'y a qu'à voir ce qui se passe avec le « pseudo-secret de l'instruction ». Même les secrets ministériels circulent sous la table. La force de certains, c'est d'ailleurs de tenter, par tous les moyens, de récupérer les preuves de ce qui n'est, au départ, que fumée. On cherche alors le feu.

> L'information, même si vous tentez de la contrôler, finit toujours par circuler et éclater au grand jour.

Dans une équipe, dans une entreprise, ce sont les « bruits qui courent », les « J'ai entendu dire ». Dans les médias, ce sont des informations au conditionnel (qui, entre nous soit dit, ne sont pas des informations mais souvent du colportage, du « Radio Poulaines »). En politique, ce sont… des silences.

Rappelez-vous, on ne peut pas ne pas communiquer. Il faut donc prendre les devants. Il est urgent de comprendre que l'un des points de l'alchimie de la gentillesse et de la relation de confiance, c'est l'échange, la communication de l'information. Certains disent que l'information, c'est le pouvoir. Nous affirmons plutôt que le véritable pouvoir, c'est celui que l'on partage. La rétention d'informations est une usine à défiance. Encore plus lorsque le comportement de celle ou de celui qui garde jalousement l'information manifeste de la malice. Est jugé manipulateur, voire pervers, celui qui sait mais qui ne dit pas, sur des sujets qui pourraient faire avancer la collectivité. Bien sûr, nous ne parlons pas là de « secret », ou de ce que vous pouvez considérer comme relevant de la discrétion (quels en sont les critères me direz-vous). Le fait est que plus on communique, plus on échange avec les autres, et plus la confiance s'installe. Celui qui ne communique pas crée une zone de non-dit qui titille la créativité de ses interlocuteurs et laisse libre cours à leurs interprétations hâtives.

> Rappelez-vous, on ne peut pas ne pas communiquer. Il faut donc prendre les devants.

Le rôle de celui qui manage une équipe, de celui qui assure, d'une manière ou d'une autre, une forme de leadership, consiste à rester connecté avec ceux qui l'entourent, mais aussi à les garder connectés entre eux. C'est l'un des secrets de la création de l'esprit d'équipe.

> Celui qui ne communique pas crée une zone de non-dit qui laisse libre cours aux interprétations hâtives de ses interlocuteurs.

Les réunions proprement dites sont essentielles à l'avancement d'un projet. La causerie d'avant-match, la revue de projet en ingénierie, les commissions en politique aussi... Sans elles, impossible de concevoir un travail d'équipe, une confiance mutuelle. En revanche, la « réunionite » (succession de réunions qui n'ont ni ordre du jour, ni objectif partagé et clair, ni cadre de temps, ni compte rendu) est à bannir.

Synthèse des 16 règles d'or pour créer l'alchimie de la gentillesse :

1. Faire confiance... *a priori*.
2. Être respectueux.
3. Être bienveillant.
4. Être honnête, intègre.
5. Savoir compatir.
6. Être humble.
7. Pratiquer la gratuité et le don.
8. Être passionné de rencontres et d'ouverture à l'autre.
9. Être patient.
10. Faire preuve de gratitude.
11. Penser « positif ».
12. Être déterminé.
13. Rire, avoir de l'humour et être léger.
14. Être congruent, encore et toujours.
15. Définir un cadre et le faire respecter.
16. Communiquer, échanger, parler, informer.

Chapitre 4

Cas pratiques : transformons notre ordinaire relationnel

Nous allons confronter notre monde relationnel quotidien aux 16 règles d'or décrites dans le chapitre précédent. Les contextes relationnels que nous allons aborder ici non seulement nous tiennent à cœur, mais sont au centre de toutes les discussions « de comptoir » que nous avons pu tenir lors de nos échanges professionnels. Vous constaterez malheureusement que, bien souvent, les 16 comportements nécessaires à la création d'une relation de gentillesse et de confiance, seule capable de construire durablement ensemble, ne sont pas intégrés. Constat d'autant plus choquant que ces domaines relationnels constituent les organes vitaux de notre société. Ils sont essentiels à son évolution et déterminants pour tout un chacun. Ils impactent directement la qualité de vie, l'éducation, le développement individuel et collectif, la croissance économique. Ils sont responsables, plus que de notre (dé)croissance encore, de vraies souffrances, parfois intolérables.

Agir contre les relations démotivantes entre dirigeants et salariés

Les situations de blocage sur lesquelles je suis intervenu en entreprise étaient toutes liées à une problématique de relation de gentillesse et, donc, de confiance ; il manquait toujours un ou plusieurs des 16 commandements de cette relation. Et ce, parce qu'ils n'entrent pas naturellement dans la logique d'entreprise. D'ailleurs, certains d'entre vous sont peut-être en train de penser tout bas ce que nous entendons souvent tout haut : « On ne vit pas dans le monde des Bisounours ! » Revoilà la complainte qui me fait enrager ! Il en est de même lorsqu'on me dit que l'on n'est pas dans le monde du travail pour se faire des amis... Je ne peux alors m'empêcher de rétorquer : « Bon sang ! Ce serait pourtant bien de travailler avec des gens que l'on apprécie, voire avec lesquels on est amis. » Sincèrement, entre nous, préférez-vous travailler à longueur de journée avec des gens qui sont des cons finis à vos yeux, dont vous vous méfiez du matin au soir, ou plutôt avec des collaborateurs de confiance et pour lesquels vous éprouvez des sentiments agréables (en général, c'est le moment où l'on me traite de doux utopiste !) ? Pour ma part, le choix est fait depuis bien longtemps. Je suis un utopiste pragmatique. Un Bisounours les pattes sur terre !

Ce que je soutiens *mordicus*, ce qui me tient à cœur, dans mon métier comme dans ma vie, et qui m'a encouragé à écrire ce livre,

> La brutalité économique est un mauvais calcul. La négation de l'humain au profit du profit est une stratégie vouée à l'échec.

est une urgence : la brutalité économique est un mauvais calcul. La négation de l'humain au profit du profit est une stratégie vouée à l'échec.

Soyez, redevenez vous-même : congruent entre la personne que vous êtes et le professionnel que vous affichez. Soyez au travail aussi attentif, simple, compréhensif et drôle que vous pouvez l'être avec vos proches. Laissez-vous aller à porter un regard bienveillant sur les autres. Ouvrez-vous à la richesse de leur perception, de leur vécu, de leur sensibilité. C'est tellement dommage de passer à côté des plus grandes ressources d'une équipe. Osez découvrir un argument de management redoutable : la capacité d'aimer, d'être aimé et de faire aimer.

Peut-être n'êtes-vous pas encore prêt, maintenant, tout de suite, à devenir un « gentil ». Le mot représente un tel choc culturel dans une économie qui croit encore à la réussite des « tueurs », alors qu'aucune affaire ne fonctionne durablement avec des tueurs dans l'équipe...

Ce qui arrive à un projet, lorsque vous ne savez pas accepter l'autre de manière inconditionnelle, c'est une perte d'énergie et de temps. Et sachez que nous ne confondons pas « gentillesse » et « faiblesse ». Bisounours, mais pas « con » ! Bien sûr, il arrive que les réalités de la vie ne permettent pas de « garder » durablement un collaborateur « à côté des clous » ; il y a parfois des gens vraiment pas faciles à guider, à emmener. Dans ces cas-là, nous sommes les premiers à conseiller de ne pas sacrifier la réussite du collectif au profit de l'individuel : le collectif et son succès seront toujours plus « essentiels » que la satisfaction individuelle. Simplement, nous constatons que la réussite du collectif peut être plus durable encore si l'on sait prendre en compte la satisfaction individuelle. Mais si, dans cette démarche, la prise en compte de l'un met en péril le groupe, il sera nécessaire de prendre des décisions humainement coûteuses : séparation, mutation, etc. À une « nuance » près : le personnel, conscient des efforts que vous aurez déployés, se sentira en confiance avec vous : vous aurez vraiment essayé de « prendre l'autre comme il est ».

Un redressement stratégique réussi

Depuis de nombreuses années je connais Anne et Alain, tous deux à la tête d'une agence de publicité, résistants – intelligemment – à l'effondrement de leur marché. L'agence a déployé un savoir-faire opérationnel, une manière proche et transparente de travailler et de parler à ses annonceurs. Quand l'agence est consultée par une grosse association de formation, l'objectif consiste à communiquer de manière plus vendeuse, plus assumée, les produits et services proposés. Il faut dire que cette « entreprise » est une référence sur son marché. Mais se posent, après analyse de l'agence, des problèmes de fond :

- malgré son avance historique, l'association de formation connaît une érosion de sa part de marché ;
- la communication, les outils ne collent plus réellement avec les demandes et les sociostyles des clients ;
- déployer une nouvelle communication, basée sur un univers graphique et conceptuel plus moderne, plus *« up-to-date »*, nécessite que la transformation soit vécue et acceptée en interne. Bref, cela demande un alignement des hommes et des stratégies ;
- en filigrane des propos des uns et des autres, l'agence constate également une forme de malaise, de non-dit, entre les dirigeants et les salariés de la structure.

L'agence gagne la compétition, parce que son approche « humaine », avant d'être marketing, a séduit. Alain recommande mon accompagnement au directeur général de l'association, Jean-Paul. Le contexte est effectivement stratégique et délicat. Le marché sur lequel l'association opère est un micromarché, sérieusement

« disputé » entre plusieurs leaders. La pression concurrentielle, les tensions budgétaires sont d'une grande intensité. Selon mon habitude, je démarre mon intervention en prenant le temps de rencontrer un large échantillon de salariés : assistantes, mais aussi formateurs, cadres fonctionnels, dirigeants, puis délégués régionaux ayant fonction de représentants locaux de la structure. Le tout, sur l'ensemble du territoire. Mon intuition se vérifie : le niveau de confiance entre la direction et ses collaborateurs est au plus bas, parfois même inexistant. Cela se traduit par des attitudes irrespectueuses (« yeux au ciel ») quand la direction parle de stratégie. Ce manque de confiance est d'autant plus surprenant que Jean-Paul fait tous les efforts du monde pour renouer avec le terrain. Oui mais...

Il faut vous dire qu'il est « nouveau », le monsieur, et que dans son équipe de direction, il y a aussi deux personnes fraîchement arrivées. En réalité, la structure opère un roulement fréquent du personnel de direction. Le pouvoir n'est visiblement pas dans les mains de ceux qui en ont la délégation. Et toute tentative de récupération et de réappropriation semble considérée comme une atteinte à la liberté des collaborateurs. Les délégués syndicaux de l'association (nous avons souvent remarqué que l'activité syndicale, la puissance du comité d'entreprise sont des critères de mesure très fiables de la non-confiance, présente ou passée, entre les collaborateurs et leur direction) soulignent d'ailleurs ce manque de communication et de confiance. Autant vous dire que les beaux projets stratégiques de la nouvelle direction sont accueillis avec un succès très mitigé. Beaucoup songent : « Encore un directeur qui veut laisser sa marque. »

Pourtant, et certains collaborateurs en sont conscients, la stratégie envisagée est la seule possible. Elle est même essentielle à la survie de l'association. C'est à partir de cet embryon d'adhésion que nous mettons en place le début du travail. Durant plus d'un an, avec la complicité des dirigeants et la contribution d'une équipe d'« éclairés », collaborateurs de bonne volonté souhaitant la réussite de la transformation, nous déployons toutes les formes d'habileté humaine, relationnelle, avec, point par point, les outils et les démarches susceptibles de faire basculer l'entreprise vers l'acceptation du changement et vers une masse critique positive. En clair, faire passer les suspicieux du côté des « ouverts à croire ». Nous allons de séminaire de direction, où nous travaillons sur l'alignement stratégique de ses membres, en session de formation à la communication d'équipe. Appellation, je vous le concède, « creuse », pour désigner un vrai travail de partage et de rapprochement, d'éclosion des non dits. Le tout dans un univers de respect et de bienveillance. Pas de jugement, pas de critique, juste une invitation à parler des traces laissées par les expériences passées, qui sont parfois des cicatrices encore ouvertes, béantes. Ceci explique cela. La profondeur des entailles donne un éclairage sur la violence et la vivacité des réactions. Le fait de parler, d'accoucher des non-dits pesants, commence à porter ses fruits : on entrevoit l'espoir d'une nouvelle forme de gouvernance. Les mea-culpa de la direction, en son nom et au nom de celle du passé, créent une nouvelle proximité. Comme nous l'avons vu, cela permet aux langues de se délier. Les plus blessés ont besoin de nombreuses passes, de nombreuses évidences d'intégrité. Ils testent cette nouvelle bienveillance, pour l'instant douteuse, dans le temps et la durée. Pour eux, il y a forcément un piège ! Mais à force de compassion, de recadrage (le directeur réaffirme les règles et les fait respecter de manière scrupuleuse), de détermination et de patience, le « boss Jean-Paul » commence à distiller la nouvelle nature de l'entreprise sans toucher à son ADN. Il fait souvent preuve d'un humour décapant, que toutes et tous ne comprennent pas. Il apprend à simplifier sa communication. Son humilité rassure. Il déjeune tous les jours avec ses collaborateurs, a des attentions très simples. Par exemple, il apporte parfois des croissants ou des galettes. Petit à petit, les sentiments enfouis et tus depuis des années s'évacuent…

La profondeur des entailles donne un éclairage sur la violence et la vivacité des réactions.

Nous sommes parfois consternés par la violence des situations vécues… et ses conséquences. Un passé-passif qui marque et dont la prise en compte suffit à elle seule à faire basculer bon nombre de collaborateurs vers le côté positif de la masse critique !

Un déménagement imposé

Revenons à notre association. Elle était, il y a quelques années, située dans des locaux remarquables. Tout le monde s'y plaisait. Le directeur de l'époque décida néanmoins, sans doute de manière justifiée, de déménager. Cela occasionna, comme à l'accoutumée dans ce genre de situations, des départs, et aussi de l'inconfort. Un tel changement, même s'il peut paraître, pour certains, léger, est souvent vécu comme une secousse. On ne déménage pas d'un claquement de doigts. C'est l'un des bouleversements les plus… bouleversants. Mais personne n'en avait parlé. Jamais.

Lors de séances de formation, petit à petit, tous les sacs se sont ouverts, les non-dits se sont métamorphosés en feu d'artifice émotionnel. Il a fallu toute l'écoute de l'équipe de direction, mais aussi sa souplesse, toute notre propre objectivité, pour recevoir ce qui a été déversé avec brutalité. Qu'à cela ne tienne ! Dans ces moments-là, la brutalité devient « juste » un niveau d'information sur la profondeur des cicatrices. Et chaque nouvelle séance, encouragée par la précédente, et aussi par le bouche-à-oreille, nous donne sa part de surprises. Que nous traitons sans dérobade.

Aujourd'hui, les changements organisationnels, stratégiques, sont entamés et portés par une grande majorité. Au moins les deux tiers… C'est cela, la masse critique positive. Les autres y viendront. S'ils n'y viennent pas, c'est sans doute qu'ils trouvent un bénéfice plus fort à rester dans leur blocage qu'à vouloir suivre le mouvement. Ces « bloqués » en arriveront – car leur « blocage » se voit comme le nez au milieu de la figure – au point de non-retour : s'y mettre ou se démettre.

Agir contre la « non-relation » entre syndicats et patronat

Soyons objectifs. Aujourd'hui, le sujet est moins « brûlant » parce que les relations dites « sociales », intégrées dans les choix stratégiques et économiques de l'entreprise, ne sont plus la chasse gardée du syndicalisme. Les barrières tendent à tomber, l'information à circuler, le sentiment de « cachotteries » à s'atténuer. On sort définitivement du taylorisme. Les syndicats ont, en leur temps, défendu la réelle survie des salariés, puis se sont recentrés sur la défense des acquis. Désormais, les acquis sociaux sont, sans aucun doute, durablement ancrés. La protection sociale est forte partout, quel que soit le secteur. Les syndicats sont même subventionnés et le système les a institutionnalisés. Le développement de la fonction DRH, si elle est respectée dans tout son intitulé (ressource ET humain), prend aussi le pas sur la mission syndicale de protection de l'homme. Enfin, les dirigeants sont de moins en moins des brutes épaisses, guidées par l'appât du gain au détriment du bien-être des hommes.

Mais ne soyons pas dupes, il en existe encore. Comme perdurent un certain nombre de syndicalistes fonctionnarisés, viscéralement attachés à leur fonction « officielle », payés non plus par l'entreprise, mais directement par leur organisme syndical...

Nous tenons à aborder ici le manque de confiance historique entre syndicats et patronat, amplifié par les positions exacerbées de quelques exceptions emblématiques, elles-mêmes suramplifiées par les médias. Quel est le problème relationnel de fond ? Dans l'expression « partenaires sociaux », la notion de « partenaire » a été purement et simplement « oubliée ». Certes, on peut comprendre qu'en avançant vers une humanisation de l'entreprise, l'utilité du syndicat, telle qu'elle est définie aujourd'hui, n'aura plus de sens un jour. Mais, à l'inverse, difficile d'imaginer une véritable avancée économique, sociale et humaine si, aujourd'hui, la confiance reste bloquée entre patronat et syndicats, et s'ils sont chacun affublés de noms d'oiseau... mais jamais de l'appellation « partenaires ».

Dans l'ADN du syndicalisme, il y a « méfiance ». Légitimement d'ailleurs. Une méfiance sans doute moins systématique aujourd'hui, mais viscéralement ancrée. Toute avancée sociale proposée par une entreprise est d'abord considérée comme douteuse. Alors que, malgré des intérêts éventuellement contradictoires (niveau des salaires et des augmentations, temps de travail...), les objectifs devraient être les mêmes : rendre l'entreprise des plus compétitives face à sa concurrence. Rêvons : si la cogestion sociale s'étend à toutes les entreprises, il devrait s'ensuivre la fin des oppositions systématiques et la coconstruction d'un modèle positif. Or, nous en sommes loin.

Dans l'ADN du syndicalisme, il y a « méfiance ». Une méfiance sans doute moins systématique aujourd'hui, mais viscéralement ancrée.

Analysons plus avant. Il y a deux niveaux de relations : les relations directes entre une représentation syndicale et son entreprise et les relations institutionnelles entre les forces gouvernementales et les organisations syndicales, à l'échelon national. Souvent, les entreprises et l'intelligence humaine des responsables, encadrement comme syndicats, permettent une vraie communication faite d'échanges. Tant que chacun reste dans une logique « locale », opérationnelle, et ne fait pas intervenir de raisonnement national, politique, médiatique, les discussions n'ont jamais la forme d'une négociation. Ce sont des échanges respectueux, stratégiques.

Tant que chacun reste dans une logique « locale », les discussions n'ont jamais la forme d'une négociation.

Souvent même, les entreprises et les syndicalistes sont tellement « d'accord », « amis », que cela aboutit à la mise en place d'une simplification syndicale : une représentation unique.

Une gentillesse plus constructive que toute négociation sociale

J'ai en mémoire l'expérience de l'un de mes clients, devenu aujourd'hui un ami, Thierry Bertucat. Il dirigeait l'entreprise familiale, dont il avait repris la responsabilité dans les années 1990, en prônant les valeurs d'une entreprise citoyenne. Chez Bertucat Industrie, entreprise spécialisée dans le thermoformage, le dialogue était de mise, faisant partie intégrante des règles instaurées par Thierry. À tel point que, rapidement, la CFDT, représentée par un ex-CGTiste, le représentant du CE et le représentant CHSCT, s'était concentrée dans les mains d'un représentant unique qui fut intégré à toutes les réunions internes, qu'elles soient techniques, commerciales ou stratégiques. Chaque fois que sa présence était jugée nécessaire (sur des critères discutés avec lui), ce partenaire, créatif et participatif, était convié. Cela change tout, n'est-ce pas ?

Contre-exemples contre-constructifs

Chaque fois que l'apparatchik syndical pousse à la manœuvre manipulatoire, même si l'on peut lui reconnaître une forme de légitimité, le contexte n'est plus au dialogue « local ». Il prend une tournure politique, renforcée par la présence des médias, qui vont eux-mêmes lui donner une dimension quasi nationale.

Et puis, il y a l'institution, le gouvernement. Malgré la volonté « affichée » d'un gouvernement de gauche et une ouverture « de fait », plus affirmée elle aussi, des syndicats envers cette pseudo-nouvelle manière d'échanger, les blocages restent les mêmes. Que ce soit Nicolas Sarkozy, François Hollande ou n'importe quel autre homme de droite ou de gauche, nous aurions sans aucun doute le même résultat : des blocages, des doutes, de la méfiance et de la vigilance. Le système est basé sur le mode de la « revendication/négociation », qui donne lui-même une information précise du niveau de relation et de confiance entre les parties. Groupes de pression, luttes d'influence, stratégies manipulatoires en tout genre. On est loin du modèle « alchimique » de la gentillesse.

Voici plutôt ce qui se pense :

1. Avoir confiance *a priori* ? Vous voulez rire !
2. Accepter l'autre de manière inconditionnelle ? Plutôt mourir que d'accepter !
3. Être bienveillant ? N'en parlons même pas !
4. Être honnête ? Quelle représentation les gens ont-ils de l'honnêteté dans ces milieux ?
5. Savoir compatir ? Là, on rigole !
6. Être humble ? Peut-être parfois...
7. Pratiquer la gratuité et le don ? Quand on négocie, c'est jusqu'au bout de gras ! Alors, vous pensez, la gratuité, c'est pour les « Bisounours ».
8. Être passionné de rencontres et d'ouverture ? À chaque nouvelle rencontre planifiée, c'est le branle-bas de combat pour tenter de prévoir où l'adversaire va taper. Bonjour l'ouverture et la passion de la rencontre !

9. Être patient ? Oui, c'est vrai, chacun est très patient. D'autant plus que le manque évident de dialogue (sauf entre eux, pris dans leur propre nasse) fait que chaque avancée prend des années... Le spectacle en devient ridicule pour ceux qui en sont les spectateurs. Personne ne dit rien, mais tout le monde n'en pense pas moins. Quand va-t-on se décider à l'« ouvrir », d'ailleurs ?
10. Faire preuve de gratitude ? Je ne développe même pas, tant la notion n'a pas sa place.
11. Penser « positif » ? Négatif !
12. Être déterminé ? Oui, chacun campe sur ses positions. Petit rappel à ce propos : la détermination inclut la souplesse, la rigidité provoque la crise !
13. Rire, avoir de l'humour et être léger ? La « drôlerie » n'est pas là où on l'attend. Nous rions « jaune » de ces contextes politiques. Rien n'est plus lourd que la manière dont ils sont abordés.
14. Être congruent ? Oui, les acteurs le sont. Comme Hitler l'était : ses comportements collaient avec ses pensées et ses valeurs. La congruence n'est pas une valeur.
15. Respecter le cadre ? Nous pourrions dire que chacun se charge de respecter le cadre que l'autre passe son temps à changer...
16. Communiquer, échanger ? À l'instant même où j'écris ces mots, j'entends sur l'une de nos radios nationales : « Le MEDEF bloque le débat sur la transition énergétique... » La France est en panne !

Agir dans le monde politico-médiatico-économique

Commençons par une citation de Jean-François Revel, philosophe et écrivain, qui, de mémoire, disait : « *La civilisation démocratique est entièrement fondée sur l'exactitude de l'information. Si le citoyen n'est pas correctement informé, le vote ne veut plus rien dire.* »

Il y a un lien entre les médias et le pouvoir, tout le monde le sait. Il y a aussi un lien entre le pouvoir des médias et notre vie au quotidien. Un lien proche du pouvoir d'influence. Sous les actes parfois héroïques de certains à défendre la liberté de la presse, ce monde tombe parfois dans les excès et cette liberté prend souvent le visage de l'abus de pouvoir, dont les acteurs sont à la fois ceux qui sont aux manettes et ceux qui les manipulent et les utilisent. Sans donner l'impression d'« y toucher ». Politiques, financiers.

Socrate et la sagesse relationnelle

Connaissez-vous le « test des trois passoires » ? C'est une histoire connue qui circule dans le milieu des formations RH.

Socrate avait, dans la Grèce antique, la réputation d'être un sage. Quelqu'un vint un jour le trouver et lui dit :

– Sais-tu ce que je viens d'apprendre sur ton ami ?

– Un instant, répondit Socrate. Avant que tu ne me le racontes, j'aimerais te faire passer un test, celui des trois passoires.

– Les trois passoires ?

> Nous pouvons être en confiance quand trois principes sont respectés : vérité, bonté et utilité.

– Mais oui, reprit Socrate. Avant de raconter toutes sortes de choses sur les autres, il est bon de « filtrer » ce que l'on aimerait dire. C'est ce que j'appelle le « test des trois passoires ». La première passoire est celle de la vérité. As-tu vérifié si ce que tu me dis est vrai ?

– Non, j'en ai seulement entendu parler...

– Très bien, tu ne sais donc pas si c'est la vérité. Essayons de filtrer autrement, en utilisant une deuxième passoire, celle de la bonté. Ce que tu peux m'apprendre sur mon ami, est-ce quelque chose de bien ?

– Ah non ! Au contraire.

– Donc, continua Socrate, tu veux me raconter de mauvaises choses sur lui et tu n'es même pas certain qu'elles soient vraies. Tu peux peut-être encore passer le test, car il reste une passoire, celle de l'utilité. Est-il utile que tu m'apprennes ce que mon ami aurait fait ?

– Non. Pas vraiment.

– Alors, conclut Socrate, si ce que tu as à me raconter n'est ni vrai, ni bien, ni utile, pourquoi vouloir me le dire ?

Nous pouvons être en confiance, avec un ami comme avec une institution médiatique, quand ces trois principes sont respectés : vérité, bonté et utilité.

Parler pour ne rien dire...

Autre citation, de notre feu Coluche national : « *Le chancelier allemand a été reçu cordialement par le président de la République, qui a descendu deux marches pour l'accueillir en signe de détente ! [..] Parce que s'il reste sur le perron, c'est qu'il boude un peu, vous voyez ! [..] La poignée de main a été longue et chaleureuse ! [..] Voilà un truc dont on n'a vraiment rien à foutre ! [..] Les chefs de gouvernement se sont refusés à tout commentaire. Mais on s'autorise à penser dans les milieux autorisés qu'un accord secret pourrait être signé prochainement entre les deux pays ! Quand un journaliste n'en sait pas plus que ça, il devrait être autorisé à fermer sa gueule*[1] ! »

Coluche doit se retourner dans sa tombe et se bidonner en constatant à quel point ses sketchs sur le sport, sur le journalisme, sont toujours d'actualité, plus de vingt ans après...

Cas de dérives relationnelles

Selon une enquête LH2 pour *Le Nouvel Observateur*[2], 70 % des Français n'ont pas confiance dans les politiques. Plus précisément : 70 % des Français ne croient pas en l'honnêteté des politiques. La proximité ou l'éloignement joueraient-ils un rôle déterminant ? Oui, puisque 75 % de ces mêmes sondés déclarent avoir confiance en leur maire. Tiens, il serait donc vrai que la relation, la connaissance de l'autre, la rencontre permettraient de créer un lien de confiance ? Par extension, nous pourrions dire que l'éloignement de nos gouvernants du monde « réel » ne crée ni la confiance ni la proximité.

70 % des Français ne croient pas à l'honnêteté des politiques.

1. Extrait de son sketch « Et puis y a la télé ».
2. Datée du 29 novembre 2008.

Et le pire est à venir car les trois quarts des Français ne font pas confiance aux médias : *« La cote de confiance des Français envers les médias est toujours aussi faible : 23 % seulement d'entre eux leur font "très" ou "plutôt" confiance[1]. »*

La presse, les médias sont des haut-parleurs utilisés par des femmes et des hommes pour démultiplier, amplifier la portée de leurs paroles et la prise en compte de leurs actes. Pour les rendre visibles, audibles du plus grand nombre... Ce qui n'est, en soi, pas critiquable. Le problème, c'est que nous vivons, et encore plus depuis l'avènement d'Internet, dans un monde où les médias relaient ce qu'ils veulent, ce qui les arrange ; ce qui les rend plus riches, plus vus et lus (ce qui va souvent de pair) ou plus influents. D'ailleurs, le métier des journaux d'information (presse écrite, radio, télévision) semble avoir évolué : il ne s'agit sans doute plus d'informer, mais de distribuer de l'information. Et le choix des produits distribués ne s'effectue plus uniquement sur le critère de la pertinence de l'information, mais principalement sur celui de sa diffusion, qui doit être le plus large possible. Ainsi, un comité rédactionnel se posera maintenant la question : « Qu'est-ce qui va intéresser le plus de monde ? », plutôt que : « Quelle est l'information la plus pertinente à porter à la connaissance des auditeurs/lecteurs ? » Parfois un mélange des deux.

> Nous vivons dans un monde où les médias relaient ce qu'ils veulent, ce qui les arrange ; ce qui les rend plus riches, plus vus, plus lus, plus influents.

La communauté marketing s'en arrange, s'en accommode, invente même les métiers qui vont avec ce type de traitement. Comme le *community management*, par exemple. On invente les mots qui traduisent l'intégration de cette culture du « toujours plus » : le buzz, etc. Nous vivons « dedans » et nous nous laissons endormir, portés par la vague, sans trop nous révolter. Parfois, nous haussons

1. D'après une étude du CEVIPOF (laboratoire de la Fondation nationale des sciences politiques) effectuée en décembre 2012 pour le Conseil économique social et environnemental.

la voix, mais nous nous complaisons aussi à participer au grand cirque. Certaines radios en ont fait leur fonds de commerce. Elles ne veillent pas, ou peu, à la répartition équitable des avis. Elles donnent la parole aux auditeurs, qui expriment en général leur reconnaissance éternelle à ces radios qui les écoutent... Les stations pratiquent même des pseudo-sondages qui n'en sont d'ailleurs pas (au sens technique du terme), en les nommant « Brunetmétrie » ou autre appellation marketée.

Quand le magazine *L'Équipe* présente, il y a quelques années, Raymond Domenech comme un manipulateur stratège, sa position dans la presse nationale – monopolistique, celle de « sachant » et de référent de l'analyse sportive – lui donne une crédibilité absolue auprès de ceux qui ne savent pas « lire entre les lignes », qui ne connaissent pas les intérêts politiques partisans et financiers sous-jacents ou, pire encore, qui ne songent pas qu'un journaliste, un analyste, persuadé de bien faire son travail, peut commettre des erreurs de jugement, faire des raccourcis, pratiquer involontairement, ou parfois par facilité, des omissions, des généralisations, des amalgames...

Nous avons la possibilité de savoir « savoir », de savoir comprendre, de savoir analyser et repérer les fausses omissions, généralisations et distorsions factuellement, objectivement (apprenez à questionner, voire à vous questionner, comme nous l'avons vu dans le chapitre 2), et ainsi de ne plus nous laisser emporter par les pseudo-scandales, première dame reine du tweet, roi du Fouquet's ou des Ray-Ban, maître de la normalité, des « Tu fermes ta gueule » d'un footballeur excédé et de sa mère blessée...

Nous avons la capacité de dénicher la Laure Manaudou si sensible et perdue, triste et maltraitée, derrière les mots parfois peu respectueux, voire même orduriers, de certains journalistes ; le Raymond Domenech, si désemparé de ne pas avoir été qualifié lors du Championnat d'Europe, qu'il se raccroche, sans stratégie aucune, à la seule personne à qui il voudrait se confier à la place de son intervieweur : sa femme...

Oui, la naïveté, ce n'est pas seulement de penser que « tout le monde il est gentil », c'est aussi de se croire lucide en se figurant que « tout le monde il est méchant » ! Écoutons-nous un peu plus, en confiance. Nous savons naturellement distinguer un vrai salaud, dénoncé par les journaux, les radios, d'un vrai animateur radio dénonçant sans trop de précautions un médecin, abusé, lui-même dénoncé calomnieusement par un patient désabusé et impatient, en mal de reconnaissance et profitant du système bien peu professionnel qui ne vérifie pas l'information avant de la rendre nationale, politique (la ministre alors responsable de la Santé s'en est emparée !).

> La naïveté, c'est aussi de se croire lucide en se figurant que « tout le monde il est méchant » !

Si, si... vous ne vous en souvenez plus, tant la vitesse du chassé-croisé des informations est vertigineuse. Mais les traces sont encore là... au bout du clavier ! Allez voir le « lynchage médiatique de l'ophtalmologue d'Aix-en-Provence[1] ».

Nous vivons dans le monde des médias de flux, qui ne s'arrêtent jamais. Les informations se poussent et se chassent les unes après les autres, la vitesse conduit à la superficialité. Ce qui a été annoncé comme ravageur, assassin, tombe aux oubliettes aussitôt, au profit du pseudo-scandale suivant, sans que rien ne vienne « réparer », avec autant de puissance et d'influence, ce que les médias ont précédemment dénoncé... outrageusement.

Le résultat ? Toujours le même, de plus en plus préoccupant : une perte de confiance accrue dans le système médiatique et le traitement des informations.

Notons que le journaliste engagé ne peut que très difficilement être réellement objectif. Un professionnel de la presse disait lui-même, de mémoire : *« Il tombera toujours d'un côté ou de l'autre de son idéologie. Le métier de journaliste peut difficilement souffrir d'idéologie, à partir du moment où son information prend contact avec le lecteur ou le téléspectateur. Un journaliste d'opinion devrait être présenté ouvertement sous son drapeau. »*

1. http://www.dailymotion.com/video/xf8dv2_le-lynchage-mediatique-de-l-ophtalm_news

Pourtant, derrière la *front line* médiatique, il y a aussi ces journalistes, petites mains, chevilles ouvrières des grands et puissants rédacteurs en chef et autres directeurs de publication, allant se battre pour chercher l'information brute et priant pour que celle-ci tienne la comparaison face aux lignes modélisées du *Parisien* ou de BFM. Mais ces journalistes sont souvent déçus lorsqu'ils constatent que les rédacteurs en chef, par manque de temps, de moyens ou de courage, travestissent l'information factuelle... et optent pour le choix d'un angle d'attaque plus vendeur, plus polémique...

N'oubliez jamais que l'information ne vient pas toute seule sur le devant de la scène. Elle est récoltée, choisie, arrangée, amplifiée, portée aux nues, pour avoir le droit d'être « à la une ». Ayez la lucidité de vous interroger sur la raison de sa mise à la une. Non, elle n'est pas là par hasard. Elle est là parce que, par de savants calculs, de savantes stratégies, mises au point par de non moins stratèges savants, on a établi non que cette information avait un intérêt pour vous, mais qu'elle s'inscrivait dans un courant porteur qu'on appelle le buzz, lequel devrait faire de l'audience, du lectorat, et, en toute finalité, rapporter des sous...

L'information est « à la une » parce qu'elle s'inscrit dans un courant porteur qu'on appelle le buzz, lequel devrait rapporter des sous.

Et loin de nous l'idée de penser que « faire rentable » est « méchant ». Pour peu que le service rendu corresponde au service annoncé. Là, pas de problème... Le rentable devient pour nous discutable quand il y a manquement à l'honnêteté professionnelle.

Le pouvoir d'influence est énorme. Regardez comme les informations savamment choisies et distillées nous amènent à nous croire dans un monde impitoyable et sans merci. Dans un marasme total de crise inévitable... La pluralité des médias devrait nous permettre de balayer plusieurs points de vue. Mais l'unicité rédactionnelle et la « généralisation générale », pratiquée par la modélisation corporatiste, empêchent d'avoir accès à d'autres informations, pourtant existantes. Prenons un exemple : les médias se font exclusivement l'écho des entreprises en dépôt de bilan. Personnellement, en tant que président d'un comité de labellisation d'entreprises innovantes, je vous assure que nous sélectionnons des projets immensément riches, technologiquement à la pointe, parfois même mondialement exclusifs. Mais personne ne fait savoir que ces projets, dont nous pourrions être fiers, qui plus est créateurs d'emplois, existent. Pourquoi ? Parce que cela ne va pas dans le sens du buzz. Parce que cela risque de prendre à contre-pied la pseudo-opinion publique, l'idée communément admise que nous sommes « en crise ».

> L'unicité rédactionnelle et la « généralisation générale » empêchent d'avoir accès à d'autres informations, pourtant existantes.

La crise fait vendre... La polémique fait vendre. Au diable le constat qu'elle détruit. L'équipe de France de football s'en souvient et se trouve encore souvent « sur le fil », malgré les changements de sélectionneur : elle marche sur des œufs, au lieu de jouer au ballon.

Ce que nous voulons souligner, c'est que l'« opinion publique » n'existe pas en tant que telle. Il s'agit d'un concept de « généralisation-omission-distorsion » fabriqué par les médias, qui choisissent eux-mêmes les informations à relayer et à amplifier.

> L'« opinion publique » est un concept de « généralisation-omission-distorsion » fabriqué par les médias.

Pire encore, avez-vous conscience que les plus grands commanditaires de sondages d'opinion sont les médias eux-mêmes, souvent de connivence avec les politiciens ? D'ailleurs, au passage, remarquez que ces mondes, qui ne devraient pas, jamais, se fréquenter (certains ont été condamnés, faut-il le rappeler, pour une trop grande proximité), se retrouvent parfois unis par l'« amour ». Entre journalistes connues et politiciens... tout aussi connus. Qui osera prétendre que ces mondes ne se fréquentent pas ? L'humilité du journaliste, du présentateur, de l'éditorialiste, du commentateur, de l'analyste, consisterait à se rendre compte de son pouvoir d'influence.

Et il en est de même dans le monde du sport et celui du spectacle. Partout où il y a des intérêts financiers, stratégiques, politiques, il peut y avoir un lien avec les médias. Ce qui, de prime abord, semble normal, puisque le jeu consiste justement à relayer, à amplifier, à porter à la connaissance du monde l'information. Le problème, c'est donc la manière dont il se pratique : il devrait être expliqué et connu de tous, mais surtout mieux encadré, réglementé.

Propositions pour une nouvelle relation

Nous devons pouvoir opposer à la liberté des médias notre propre LIBERTÉ à ne pas être abusés par eux. Nous devons pouvoir détecter quand cette liberté de la presse, tant revendiquée et défendue, à juste titre d'ailleurs, vire à l'abus du quatrième pouvoir. Et le pas est vite franchi...

« Plus il y a d'informations, plus le rôle des journalistes est indispensable, car le récepteur ne peut filtrer, hiérarchiser, comprendre tout et s'intéresser à tout. Donc, contrairement à ce que croient beaucoup de journalistes, plus il y a d'informations et plus il y a de supports, plus leur rôle est fondamental, car c'est eux qui donnent la crédibilité à l'information que l'on consomme[1]. »

Mais comment recréer ce lien de proximité avec les médias ? Il faudrait que les médias prennent conscience qu'ils possèdent une force inutilisée : leur capacité à rassembler les individus. Oui, l'exceptionnelle utilité d'un média est de pouvoir rassembler en une seule voix les individualités, de

L'exceptionnelle utilité d'un média est de pouvoir rassembler en une seule voix les individualités pour faire, ensemble, changer les choses.

1. Anne-Caroline Desplanques, « Trois questions à Dominique Wolton », *Journal de Montréal*, 7 septembre 2010.

pouvoir porter le pouvoir que nous avons tous individuellement pour faire qu'ensemble, chacun change et fasse, avec les autres, changer les choses, voire le monde.

L'appel d'Éric Cantona a pu sembler absurde aux yeux d'une grande majorité. Il était, selon moi, très fin : rappelez-vous, en pleine crise des subprimes et de la confiance à l'égard des banques, il lance un appel au retrait simultané de nos différents comptes. Bien sûr, personne n'a joué le jeu. Mais l'appel fut judicieux !

L'appel du général de Gaulle aurait été un flop sans le support de la radio, qui a su informer en un même temps des individus isolés pour les rassembler en une force vive, capable de bouter l'ennemi hors de nos frontières.

Aujourd'hui, les médias rassemblent uniquement autour de leurs histoires à eux, qui les concernent eux, celles qui font le buzz. Et nous, sans même nous en apercevoir, nous participons individuellement et activement aux lignes éditoriales de ces médias. Il suffirait de ne pas écouter – ensemble, rassemblés – une radio ou une émission pour la mettre en danger. Chacun de nous a ce pouvoir ! Nous avons le pouvoir d'orienter nos choix et nos vies. L'actualité est faite de ce à quoi nous donnons de l'importance.

Il suffirait de ne pas écouter - ensemble, rassemblés - une radio ou une émission pour la mettre en danger. Chacun de nous a ce pouvoir !

Au-delà du fait de recréer un sentiment de confiance entre les médias et leur public, la prise de conscience de ce rôle peut aller plus loin, permettre d'aider le pays à sortir de la crise, en ne cédant plus au colportage et à la facilité du café du commerce.

Et les liens avec les puissances politiques ? Un espoir possible ? Pour l'instant, nous sommes témoins d'un spectacle qui nous choque et qui, pourtant, ne change pas. Le mode de fonctionnement actuel de la politique porte en lui-même la perversion du système. Le gagnant et le perdant... Le perdant va passer son temps à démontrer que ses idées étaient meilleures que celles du gagnant. Le gagnant *idem*... Et la presse semble jouer avec cela.

Chacun cherche à exister. Chaque acteur politique, plus encore en temps de campagne, se transforme en bonimenteur, en affabulateur. Tous deviennent, à quelques exceptions près, rois de l'esbroufe. Tout est valable pour casser l'adversaire. D'ailleurs, cet adversaire n'est plus le chômage ou l'insécurité, mais la manière dont le candidat d'en face traite le sujet. Pourtant, la France – comme tout pays – ne peut malheureusement gagner qu'en étant unie. Il n'y a que l'intelligence collective qui puisse nous faire avancer. Il faudrait donc repenser notre manière de faire de la politique, au sens noble du terme. Dans un esprit de respect, de confiance et de gentillesse. De partage.

Ce que nous connaissons de la « politique » n'est que la bagarre de clans que nos politiciens offrent en exemple au quotidien. C'est tout sauf de la politique.

La presse, les médias et les journalistes ont le devoir de faire évoluer le système, mais tout démontre qu'ils préfèrent passer leur temps à attiser les feux, plutôt qu'à jouer un rôle d'éducation. Alors que la presse peut et dispose des moyens de se donner une mission d'investigation et de miroir, susceptible de suggérer des solutions anticonformistes et des manières inhabituelles et différentes de traiter les informations.

Enfin, au bout de tout élan de fureur envers l'absurde : le monde politico-économico-médiatique en l'état s'oppose à toute logique d'alchimie relationnelle fondée sur la gentillesse et la confiance. C'est un univers dont on se méfie. Pas de bienveillance. Manque d'honnêteté, aucune compassion, voire même de la férocité. Pas d'humilité, aucune gratuité, de l'ouverture aux autres mais juste quand ça rapporte, aucune patience, pas de gratitude, pensée exclusivement ou en grande majorité négative, détermination mal placée, peu de légèreté, manque d'authenticité et de congruence, irrespect du cadre et, enfin, pour ceux dont le métier est d'informer… rétention et tri de l'information pour sélectionner celle qui est la plus rentable !

Pour clore la discussion, empruntons une citation de Machiavel – penseur italien de la Renaissance, philosophe, théoricien de la politique, de l'histoire et de la guerre, qui n'est d'ailleurs pas apprécié à sa juste valeur (l'adjectif « machiavélique » ne colle pas avec l'homme) – qui donne des frissons : *« Et quand le hasard fait que le peuple n'a plus confiance en personne, ayant été trompé dans le passé par les choses ou par les hommes, on en vient nécessairement à la ruine*[1]*. »*

Agir contre la relation antipédagogique entre professeurs et élèves

Nous nous étonnons de ne pas avoir un enseignement national à la hauteur des résultats européens. La France apparaît à la quinzième place des pays de l'OCDE pour l'enseignement de la lecture, des mathématiques et des sciences. Loin derrière la Chine, la Corée...

Notre système est ce qu'il est en termes de *process* et d'organisation. Mais mon regard de spécialiste en communication m'oblige à faire un constat : il n'y a pas, ou rarement, de relation de gentillesse, de confiance et de respect entre nos enseignants et nos élèves. Bien sûr, il ne faut pas généraliser. Rappelez-vous Mme Karmazin et sa façon de me communiquer L'ENVIE d'apprendre... Mais nous avons tous aussi été confrontés à une anti-Mme Karmazin. À un

1. Machiavel, *Le Prince*.

M. Méchant, dispensant des cours à la baguette, à coups de : « Prenez une feuille blanche » ou : « Passez au tableau. » Nous avons tous, un jour ou l'autre, eu mal au ventre, non parce que nous n'avions pas appris notre leçon, mais parce que nous n'avions pas compris le travail demandé. Cela nous est arrivé (nous le reconnaissons) sans doute par inattention, mais très souvent aussi parce que, malgré la meilleure volonté du monde, l'explication donnée ne correspondait pas à notre manière d'apprendre. Ou encore parce que la relation que le professeur entretenait avec nous était plutôt digne d'un rapport bourreau/torturé que d'une relation pédagogue/disciple.

La relation professeur/élève est plutôt digne d'un rapport bourreau/torturé que d'une relation pédagogue/disciple.

Nos enseignants ont toutes les peines du monde à enseigner, ce qui est un comble (mais, d'un autre côté, on ne le leur a pas enseigné). De notre point de vue d'élèves, nous nous apercevions que, malgré notre bonne volonté, celle de nos enseignants et les tentatives des uns et des autres, nous étions dans un mode de fonctionnement voué à l'échec : privilégiant la culture générale, le contenu, sur ce qui permettrait à coup sûr de faire passer ce contenu : la relation !

Nos professeurs sont des bêtes de contenus. Souvent ignorants en termes de pédagogie de contenus. J'ai vu de mes yeux un « maître » de droit international, réputé et reconnu, entrer dans un amphi de l'université Lyon 3, devant des étudiants très « chauds ». L'homme s'est posé sur sa chaise, a ouvert, délicatement et sans un seul regard vers la salle, son cartable, a branché son ordinateur, tapoté sur le micro pour tester son fonctionnement, et, toujours sans un bonjour ni même un sourire, toujours sans croiser le regard des présents, il a commencé son déballage verbal. Durant son exposé régnait dans l'amphithéâtre une ambiance de délire : des boules de papier volant çà et là, des cris, des rires, des étudiants passant d'une table à l'autre en enjambant les rangs... Au bout de deux heures, l'homme s'est levé, a remis son ordinateur dans son sac, a éteint le micro et a quitté la salle à pas feutrés, sans un mot ni une attention pour personne.

Une carence pédagogique

Dans un lycée réputé, également dans la région lyonnaise (ce n'est pas une localisation « tête de Turc », juste la mienne), je me suis vu convoqué par le principal à la suite d'une « soi-disant » altercation entre ma fille, Cloé, et sa professeur de mathématiques.

Je demandai à Cloé de m'expliquer ce qui s'était passé. Je connais ma fille, elle n'est pas irrespectueuse. Elle est même plutôt polie, sensée et réfléchie. Sans doute un peu rebelle, il est vrai, mais exprimant toujours cette rébellion avec beaucoup de déférence, voire de créativité.

« Nous étions donc en cours de maths, me dit Cloé. La prof nous expliquait le cours que je ne comprenais pas. À la fin de son explication, elle a demandé à l'ensemble de la classe si nous avions compris. Pour ma part, rien n'était très clair. J'ai donc levé la main et annoncé que je n'avais pas compris. "Bien, Cloé, sois attentive. Je te réexplique", m'a-t-elle dit. Papa, tu sais, je me suis concentrée, mais ça n'a pas suffi. Elle m'a réexpliqué de la même manière. Elle m'a ensuite redemandé : "As-tu compris ?" Et ma réponse a été polie et directe : "Pardonnez-moi, madame, mais toujours pas." Cette fois, d'un air plus agacé, elle a repris sa démonstration, toujours avec les mêmes mots et les mêmes exemples. Ce qui a amené au même résultat : je n'avais toujours pas pigé un mot, chaque exercice m'était toujours aussi étranger. » La professeur, aux dires de ma fille, a réellement perdu son calme. « Bon, c'est la dernière fois que je te réexplique. » Mais l'explication fut aussi peu convaincante que les trois premières. Même action, même réaction... Cette fois-ci, Cloé sentait bien qu'il lui FALLAIT comprendre, sous peine d'expulsion. Ce qu'elle s'empressa de faire. À la question : "As-tu compris cette fois-ci ?",

Cloé répondit d'un « oui » franc et massif, lui donnant l'impression d'avoir droit à son « bol d'air », à sa libération. En guise de libération, elle eut droit à la honte de sa vie : « Eh bien, puisque tu as compris, lui rétorqua sa professeur d'un ton mesquin et pincé, passe donc au tableau pour expliquer à tes petits camarades. » Ce que Cloé ne put, bien entendu, pas faire. Elle lança, à bout d'arguments : « Pardonnez-moi encore une fois, madame, mais je ne peux pas comprendre. Vous m'avez précisément expliqué quatre fois les choses strictement de la même manière. Si vous ne changez pas votre façon de m'expliquer, je ne pourrai toujours pas comprendre ! » « Et c'est là que les choses se sont envenimées », m'avoua Cloé. Deux heures de colle, une visite chez le principal, un mot dans le carnet de correspondance et une convocation des parents, à laquelle je m'empressai d'aller. J'allais « corriger du professeur ». De façon respectueuse, mais ferme. Je ne pouvais pas lui donner raison. J'ai entendu la version de la prof de maths de ma fille. En sa présence. Je redonnais – comme par hasard, les chiens ne faisant pas des chats – le même contenu que celui que Cloé avait servi à son professeur. Ce qui ne manqua pas de la faire sortir à nouveau de ses gonds. Je tentai alors une explication « philosophique » du concept de « relation primant sur le contenu », de la loi de la variété requise : fais ce que tu as toujours fait et tu obtiendras toujours ce que tu as obtenu. Si ce que tu obtiens te va, ne change rien. Mais si cela ne te va pas, alors tout vaudra mieux que ce que tu fais habituellement. Doublée d'un : « On mesure sa communication et sa relation à l'autre, non pas à sa propre intention, mais à l'effet que cela provoque chez l'autre. » Et finalisée par un : « Celui qui dirige la communication n'est pas le plus rigide, mais le plus souple. » Je voyais mes deux interlocutrices, professeur et chair de ma chair, le regard hagard, surprises, interloquées. Il me semblait leur avoir parlé javanais. Je venais juste de leur donner les trois bases de la pédagogie. Les histoires relationnelles entre les professeurs et les élèves sont souvent de ce registre...

Lors de chaque conflit, dans ce contexte particulier qu'est l'enseignement, nous constatons un manque quasi systématique de relation de gentillesse, un manque de confiance en l'autre, une absence totale de bienveillance et d'intégrité, un défaut d'humilité et une défaillance de patience de la part des profs...

On le sait, l'adolescence n'est pas facile à vivre ni pour l'ado ni pour ses parents, et pas plus pour ses professeurs. On le sait aussi, il y a des élèves particulièrement difficiles. Oui mais, car une nouvelle fois il y a un « oui mais... », et même une liste de « oui mais... » :

- le prof a une position d'autorité de fait. Sa manière d'en user, avec respect ou sans parcimonie, va tout changer à la relation ;
- le prof est dans une position de « sachant » devant enseigner à un non-sachant. Ce qui place encore l'élève dans une situation d'« infériorité » ;
- le pouvoir et le savoir du prof rappellent la relation père/fils, mère/fille et son lot de frustrations, pour ne pas dire « castration » ;
- le prof est seul face à un groupe d'élèves. Cela peut poser problème. Encore et toujours, l'alchimie de la gentillesse et de la confiance fait que la relation avec l'ensemble du groupe passe... ou casse. Le « courant » passe ? Le professeur saura sans difficulté mener le groupe à ses fins : l'apprentissage. Comme un conférencier « ouvert » face à son auditoire « à l'écoute ». La cassure est là ? L'enseignant sera pris en grippe parce que pas, ou peu, respectueux, sans bienveillance, sans humilité, sans cadre pédagogique clair et respecté, sans patience. Et le résultat pourra être celui que l'on connaît dans les cas extrêmes de non-relation : un enseignant sans autorité, ayant recours à des crises d'autorité, mais ne faisant certainement pas autorité. Si vous voyez la différence...

Elle est essentielle, cette différence : dans un cas, le contenu passera et le professeur fera des heureux. Dans l'autre cas, la relation inexistante produira des frustrés, des malheureux. Des deux côtés.

Le plus délicat avec de jeunes adolescents, c'est de conserver en permanence cette écoute, cette gentillesse relationnelle et, donc, ce qu'il en ressort : la confiance. Bref, souvent, il y a le « monde des profs » et le « monde des élèves », qui sont étrangers. Les deux sont pourtant dans le même bateau ! Il y a un seul monde, celui du partage du savoir et de l'éducation.

Ce défi, hors de toute prétention mal placée, je l'ai fait mien. Lorsque je mène une mission de formation professionnelle, je suis comme un professeur. Mais la raison d'être de ma présence, ce à quoi je me suis formé et ce pour quoi j'ai quelque chose à enseigner, c'est, encore et toujours, avant même le contenu de ma matière, la transmission du b.a.-ba de la pédagogie, la capacité à créer et entretenir une relation de gentillesse et de confiance. Sans cela, encore une fois, pas de démarrage d'apprentissage. Donc, je suis avec mes stagiaires, et certainement pas contre eux ni à côté d'eux. Nous ne faisons qu'un !

Dans le monde de l'enseignement, tout tourne autour du *process* du savoir. Tout ce qui vient à côté, mode d'emploi humain de l'apprentissage et de la transmission, est considéré comme superflu, accessoire. À chacun de faire sa sauce… À chacun sa responsabilité. Comme le professeur Keating (dans *Le Cercle des poètes disparus*) est créatif… hors cadre !

On parle même de la « bonne distance » entre l'élève et le maître. On ne parle pas du « bon rapprochement »… Dans l'expression « vous devez trouver la bonne distance » ressort la notion d'éloignement. Alors que la relation de gentillesse et de confiance se crée, au contraire, par le rapprochement.

Trouver le rapprochement juste n'a pas du tout le même sens que « trouver la bonne distance ». Le présupposé étant que trop de proximité entre l'élève et son professeur ne permettra plus au professeur de jouer son rôle d'encadrant et de correcteur. Mais, dites-nous, en quoi la proximité empêche-t-elle de corriger ? D'éduquer ? Bien au contraire, c'est la distance qui barre le passage du message correctif. Rappelez-vous : la relation de proximité et de confiance prime sur le contenu.

Soyez un bon professeur de votre matière, mais soyez avant tout un excellent, un « gentil » alchimiste relationnel. Le talent d'un enseignant qui enseigne vraiment se traduit d'abord par sa capacité à appliquer les 16 comportements décrits dans cet ouvrage. Avant même de connaître son cours ! Si vous êtes sceptique, testez. Que risquez-vous ? D'être proche de vos élèves ? Cela formera des heureux, pas des blasés. Cela construira des « joyeux de vivre », pas des frustrés. Nos enfants n'ont pas besoin de professeurs sévères et intraitables, ils ont besoin de pédagogues cléments et souples.

Agir contre la relation malade entre médecins et patients

Nous connaissons tous, ne serait-ce que de nom, le serment d'Hippocrate. Mais l'avez-vous lu en détail ? Voici, avant d'en parler, le serment de l'ordre des médecins : « *Au moment d'être admis à exercer la médecine, je promets et je jure d'être fidèle aux lois de l'honneur et de la probité. Mon premier souci sera de rétablir, de préserver ou de promouvoir la santé dans tous ses éléments, physiques et mentaux, individuels et sociaux.*

Je respecterai toutes les personnes, leur autonomie et leur volonté, sans aucune discrimination selon leur état ou leurs convictions. J'interviendrai pour les protéger si elles sont affaiblies, vulnérables ou menacées dans leur intégrité ou leur dignité. Même sous la contrainte, je ne ferai pas usage de mes connaissances contre les lois de l'humanité.

J'informerai les patients des décisions envisagées, de leurs raisons et de leurs conséquences. Je ne tromperai jamais leur confiance et n'exploiterai pas le pouvoir hérité des circonstances pour forcer les consciences.

Je donnerai mes soins à l'indigent et à quiconque me le demandera. Je ne me laisserai pas influencer par la soif du gain ou la recherche de la gloire.

Admis dans l'intimité des personnes, je tairai les secrets qui me seront confiés. Reçu à l'intérieur des maisons, je respecterai les secrets des foyers et ma conduite ne servira pas à corrompre les mœurs.

Je ferai tout pour soulager les souffrances. Je ne prolongerai pas abusivement les agonies. Je ne provoquerai jamais la mort délibérément.

Je préserverai l'indépendance nécessaire à l'accomplissement de ma mission. Je n'entreprendrai rien qui dépasse mes compétences. Je les entretiendrai et les perfectionnerai pour assurer au mieux les services qui me seront demandés.

J'apporterai mon aide à mes confrères ainsi qu'à leurs familles dans l'adversité.

Que les hommes et mes confrères m'accordent leur estime si je suis fidèle à mes promesses ; que je sois déshonoré et méprisé si j'y manque. »

Il est intéressant de voir à quel point la notion de relation, et plus particulièrement de confiance, de respect, d'engagement et de gentillesse, fait partie intégrante de ce fabuleux métier...

C'est sous cet angle humain, loin de toute considération « technique » hors de nos compétences et de notre propos, que nous souhaitons aborder avec vous la relation patient/médecin.

Parce que, encore une fois, la relation de gentillesse et de confiance est la condition *sine qua non* de la réussite de tout projet d'évolution ou de changement. Parce que, chaque fois qu'il y a un projet de changement ou d'évolution – et nous allons évoquer l'un des plus extraordinaires, celui de la guérison, du combat contre la maladie et pour la vie –, il est question de ce travail alchimique primordial. Impossible de réussir ensemble si l'un n'est pas en phase, pas en confiance, pas en « gentillesse ».

D'ailleurs, dans le formidable serment d'Hippocrate – malheureusement souvent simplifié ou raccourci (il est toujours malaisé de prendre le temps pour l'essentiel !) –, nous trouvons cette notion d'engagement, à la fois humain et moral. Ainsi qu'une vraie forme de générosité. Et aussi de protection. Relisez, tous les ingrédients sont là : éthique, confiance, respect, cadre...

Allons plus avant. Nous sommes tous, un jour ou l'autre, confrontés à la maladie. À titre personnel ou à travers l'épreuve d'une personne de notre entourage, très jeune ou plus âgée. Et nous avons tous ressenti, dans la relation patient/médecin, les obstacles de la différence et la nécessité de la rencontre.

Pour réussir la guérison, ou la rémission, il faut intégrer ce cadre relationnel. Le malade vient voir un médecin avec confiance, *a priori*. Il est face à un être qui « sait », qui a une connaissance extraordinaire, au vrai sens du terme, celle de la vie. Le médecin est perçu comme un alchimiste de la vie, même s'il est un « technicien ». Il est souvent, inconsciemment, investi par son patient du pouvoir « surhumain » de soigner et de guérir.

Des traitements riches en bienfaits

Lorsque j'étais enfant, souffrant de complications oculaires à la suite de mes cataractes congénitales, j'ai fait la connaissance du Dr Jacques Tapissier, élève des Dr Paufique et Charleux, éminents spécialistes de la chirurgie ophtalmologique. L'attitude d'écoute et de prise en charge de Jacques fut telle que nous sommes restés proches et amis encore aujourd'hui. Il m'a connu enfant, lui-même était jeune diplômé, et il m'a accompagné tout au long de ma vie, dans un rapport de générosité et de confiance. C'est sans doute en grande partie grâce à lui que le suivi de ma vision m'a paru si léger : une fois par an... juste pour « voir », si j'ose dire ! Chaque rencontre dans son cabinet est une vraie opportunité de discussion. Il fait son travail mais, avant tout, prend soin de moi. Il prête attention à ce que j'ai de plus précieux, plus que la prunelle de mes yeux : ma vie. Nous parlons de tout et de rien, de nos enfants, de mon travail... Comme pour alléger le moment des actes de surveillance et d'examen. Jamais grave, toujours simple. Jacques sait prendre le temps d'accorder du temps à l'autre. Au grand dam de la salle d'attente !

Il sait tout sur mes yeux... et sans doute sur ma vision des choses : lui est le médecin qui sait me voir et, moi, je suis le patient, impatient parfois, qui est aveugle de son œil droit, mais voit de manière limpide en son médecin. Grâce à cela, je crois en lui.

Lorsque l'on affronte la maladie – la mienne n'en est plus une depuis très longtemps, tant elle fait partie de moi –, on peut croire que l'on est seul face à elle. Le médecin se trouve, comme nous le disions tout à l'heure, investi par « son malade » d'une forme de pouvoir. En tout cas, celui-ci se fait de son docteur une représentation mentale qui pourra être parfois dynamisante, parfois limitante... En fonction de ce qu'il vit, son médecin sera soit le « technicien », soit le confident. En fonction des résultats obtenus, il sera un héros, ou une forme de guérisseur, de « soulageur de maux »...

Et le médecin ? Il vit également dans son propre monde, celui qu'il s'est fait. Peut-être se sent-il seulement mécanicien des corps, pas des âmes... Ou encore investi d'une mission humaine et sociale. Ce qu'il est intéressant de noter, c'est que la confrontation des deux mondes est obligatoire, et qu'au-delà du simple rendez-vous chez son « spécialiste », au-delà d'une demande de guérison, parfois même d'un simple diagnostic, avec, en réponse à cette demande, une offre de soins, nous avons affaire à une aventure humaine. Le médecin aura le pouvoir de rassurer, de calmer. Il aura aussi l'obligation morale de prendre en compte humainement son patient. Pas juste techniquement.

Il est vrai que la relation est en grande partie conditionnée par les attitudes du malade. Mais, comme partout, la relation va dans les deux sens ! Et comme nous le rappelions plus haut, celui qui dirige l'interaction est le plus souple, pas le plus rigide. Le « sachant », et il s'agit là du médecin, doit savoir, au même titre que l'instituteur, le professeur, l'entraîneur, le manager, prendre en compte son interlocuteur dans ses considérations, ses craintes et ses peurs individuelles, cachées, non dites, inavouables...

On me racontait récemment l'histoire d'un malade qui se savait condamné, c'était le pronostic (à ne pas confondre avec le diagnostic qui ne prévoit pas, mais constate). Cet homme a demandé à son médecin de l'aider à raccourcir son temps de vie. Bref, de l'aider à se suicider. Le médecin, être humain avant tout, prit le temps – vraiment – de parler, d'échanger avec son patient. Cherchant à comprendre comment cet homme avait pu avoir ce cheminement de pensée et être amené, alors qu'il n'était pas encore – loin s'en faut – en phase terminale de sa maladie, à vouloir partir dans la discrétion et le silence. Au fur et à mesure de leurs discussions, le médecin s'aperçut que ce que craignait par-dessus tout son malade, ce n'était pas la mort. Non, il l'avait amadouée avec l'âge et une forme de travail sur lui. Ce qui l'épouvantait, c'était tout ce qui accompagnerait, à ses yeux, cette hospitalisation finale à laquelle il aurait droit : les salles de soins intensifs, les perfusions, les intubations, la réanimation, et leur lot de souffrances. Pour le médecin, aider cet homme à affronter ce dernier combat commençait, avant tout, par être capable d'entendre tout cela et de faire, immédiatement, preuve d'une grande écoute, d'une grande compréhension. Tout en étant très congruent. La moindre faille dans sa congruence aurait été immédiatement vue et interprétée par le patient comme une forme de manipulation. Les médecins en font souvent les frais personnellement, lorsqu'ils tentent, parfois en accord avec les proches, de cacher la « vérité » du diagnostic au malade. Cela demande aussi de la détermination et du courage. Difficile de dire à quelqu'un la vérité, surtout quand ce quelqu'un vous supplie de la lui dire, et que celle-ci est implacable. Mais, grâce à ce choix relationnel, il est souvent arrivé de voir le pronostic réfuté, contesté par les faits.

Un de mes amis médecins me disait un jour que l'on ne pouvait pas faire autrement que d'accepter factuellement le diagnostic… Mais JAMAIS le pronostic. David Servan-Schreiber en a été le démonstrateur vivant. Et bien vivant durant tant d'années, là où ses « médecins » ne lui donnaient que quelques mois à vivre…

La guérison s'inscrit dans le cadre d'un projet partagé. Il n'y a pas le patient d'un côté, et le médecin de l'autre. De même que le professeur fait équipe avec son élève pour partager un projet de culture ou d'élévation, le « docteur » et son patient partagent le projet commun de guérison, de rétablissement, de soulagement. C'est ce que l'on peut nommer une « alliance thérapeutique ». Avec, à sa base, une forme de « pacte » entre le malade et son médecin.

Dans cette forme d'alliance, chacun va noter les objectifs, les rendre factuels, mesurables. On va se donner du feed-back sur les avancées ou les marges d'amélioration. Chacun va donner à l'autre l'information nécessaire à la bonne compréhension et au progrès. Ce qui permettra, d'un côté comme de l'autre, de se sentir mobilisé, d'agir, de changer ce qu'il faut bouger, et donc de rester impliqué.

Comme entre le professeur et ses élèves, on ne parlera pas de la « bonne distance », mais, au contraire, de la juste proximité, celle qui permet au médecin de bien faire « comprendre » qu'il « comprend », de s'intéresser à l'autre, pas uniquement à ses symptômes, mais vraiment à la façon dont il vit, au fond de lui, ces symptômes et leurs conséquences.

Cette alliance, ce pacte, est le seul moyen pour le médecin de suivre réellement son patient. Pour le patient, c'est la seule façon de devenir l'acteur de son traitement. Contre un ennemi commun : la maladie (et la souffrance). En sachant mettre le malade face à ses responsabilités d'acteur – surtout dans un contexte hospitalier favorisant la régression et la dépendance – et en sachant soi-même, en tant que médecin, rester respectueux de celui qui lutte, parfois douloureusement, parfois « à reculons ». La vérité est au centre de cette relation. Tout comme le respect. De là naît la confiance et parfois renaît la vie.

Sans cette alchimie de la gentillesse, le patient se sentira « entubé »... deux fois !

Vous l'avez remarqué ? Chacun des points soulevés dans le cadre de la relation patient/médecin rappelle, encore une fois, les contextes abordés dans ces lignes : chaque personne est unique et doit être prise en compte de manière unique. Il n'y a pas le monde des malades, le monde des professeurs, le monde des élèves, le monde des politiques, celui des journalistes... Non, il y a, chaque fois, des gens singuliers...

Le mot d'or de la fin

Nous avons tous en nous un Petit Prince de la relation. Un gentil dont l'heure est venue !

Et à ce mot de la fin, nous vous conseillons d'en rajouter d'autres...

Dites « merci » quand un collaborateur fait du bon travail. Oui, il est payé pour ça. Mais néanmoins, il est satisfait de voir son travail reconnu...

Dites que vous l'appréciez.

Dites aussi à quel point certaines personnes vous semblent importantes, indispensables à vos yeux.

Dites aussi que vous les aimez...

Dites encore que vous vous êtes trompé si vous vous êtes trompé... Dites aussi à quel point vous pouvez regretter tel ou tel choix.

Dites toujours qu'Untel vous touche quand il a tel comportement.

Prononcez les mots magiques... ceux de la gentillesse et du cœur. Ceux que vous êtes capable de prononcer avec vos proches. Tentez même des gestes... Des attentions, pourquoi pas des cadeaux. Pensez à tous les anniversaires... Soyez sensible. Vous l'êtes. Arrêtez de vous faire passer pour méchant ! Bisounours jusqu'au bout des doigts !

Et pour vous quitter sur un vrai beau discours, quoi de mieux qu'un merveilleux récit métaphorique qui vous invite à trouver vous-même une conclusion à nos propos...

Annexe

« Le petit prince m'a dit... »

L'histoire qui me porte depuis bien longtemps, et avant moi mon père, est celle du *Petit Prince*[1] d'Antoine de Saint-Exupéry, notamment les chapitres XX et XXI, que nous vous rappelons.

Chapitre XX

« Mais il arriva que le petit prince, ayant longtemps marché à travers les sables, les rocs et les neiges, découvrit enfin une route. Et les routes vont toutes chez les hommes.

"Bonjour", dit-il.

C'était un jardin fleuri de roses.

"Bonjour", dirent les roses.

Le petit prince les regarda. Elles ressemblaient toutes à sa fleur.

"Qui êtes-vous ? leur demanda-t-il, stupéfait.

– Nous sommes des roses, dirent les roses.

– Ah !" fit le petit prince...

Et il se sentit très malheureux. Sa fleur lui avait raconté qu'elle était seule de son espèce dans l'univers. Et voici qu'il en était cinq mille, toutes semblables, dans un seul jardin !

"Elle serait bien vexée, se dit-il, si elle voyait ça... elle tousserait énormément et ferait semblant de mourir pour échapper au ridicule. Et je serais bien obligé de faire semblant de la soigner, car, sinon, pour m'humilier moi aussi, elle se laisserait vraiment mourir..."

1. Antoine de Saint-Exupéry, *Le Petit Prince*, Gallimard, 1946.

Puis il se dit encore : "Je me croyais riche d'une fleur unique, et je ne possède qu'une rose ordinaire. Ça et mes trois volcans qui m'arrivent au genou, et dont l'un, peut-être, est éteint pour toujours, ça ne fait pas de moi un bien grand prince…" Et, couché dans l'herbe, il pleura. »

Chapitre XXI

« C'est alors qu'apparut le renard :

"Bonjour, dit le renard.

– Bonjour, répondit poliment le petit prince, qui se retourna mais ne vit rien.

– Je suis là, dit la voix, sous le pommier…

– Qui es-tu ? dit le petit prince. Tu es bien joli…

– Je suis un renard, dit le renard.

– Viens jouer avec moi, lui proposa le petit prince. Je suis tellement triste…

– Je ne puis pas jouer avec toi, dit le renard. Je ne suis pas apprivoisé.

– Ah ! pardon", fit le petit prince.

Mais, après réflexion, il ajouta :

"Qu'est-ce que signifie 'apprivoiser' ?

– Tu n'es pas d'ici, dit le renard, que cherches-tu ?

– Je cherche les hommes, dit le petit prince. Qu'est-ce que signifie 'apprivoiser' ?

– Les hommes, dit le renard, ils ont des fusils et ils chassent. C'est bien gênant ! Ils élèvent aussi des poules. C'est leur seul intérêt. Tu cherches des poules ?

– Non, dit le petit prince. Je cherche des amis. Qu'est-ce que signifie 'apprivoiser' ?

– C'est une chose trop oubliée, dit le renard. Ça signifie 'créer des liens'….

– Créer des liens ?

– Bien sûr, dit le renard. Tu n'es encore pour moi qu'un petit garçon tout semblable à cent mille petits garçons. Et je n'ai pas besoin de toi. Et tu n'as pas besoin de moi non plus. Je ne suis pour toi qu'un renard semblable à cent mille renards. Mais, si tu m'apprivoises, nous aurons besoin l'un de l'autre. Tu seras pour moi unique au monde. Je serai pour toi unique au monde...

– Je commence à comprendre, dit le petit prince. Il y a une fleur... je crois qu'elle m'a apprivoisé...

– C'est possible, dit le renard. On voit sur la Terre toutes sortes de choses...

– Oh ! ce n'est pas sur la Terre", dit le petit prince.

Le renard parut très intrigué :

"Sur une autre planète ?

– Oui.

– Il y a des chasseurs, sur cette planète-là ?

– Non.

– Ça, c'est intéressant ! Et des poules ?

– Non.

– Rien n'est parfait", soupira le renard.

Mais le renard revint à son idée :

"Ma vie est monotone. Je chasse les poules, les hommes me chassent. Toutes les poules se ressemblent, et tous les hommes se ressemblent. Je m'ennuie donc un peu. Mais, si tu m'apprivoises, ma vie sera comme ensoleillée. Je connaîtrai un bruit de pas qui sera différent de tous les autres. Les autres pas me font rentrer sous terre. Le tien m'appellera hors du terrier, comme une musique. Et puis regarde ! Tu vois, là-bas, les champs de blé ? Je ne mange pas de pain. Le blé pour moi est inutile. Les champs de blé ne me rappellent rien. Et ça, c'est triste ! Mais tu as des cheveux couleur d'or. Alors ce sera merveilleux quand tu m'auras apprivoisé ! Le blé, qui est doré, me fera souvenir de toi. Et j'aimerai le bruit du vent dans le blé..."

Le renard se tut et regarda longtemps le petit prince :

"S'il te plaît... apprivoise-moi ! dit-il.

– Je veux bien, répondit le petit prince, mais je n'ai pas beaucoup de temps. J'ai des amis à découvrir et beaucoup de choses à connaître.

– On ne connaît que les choses que l'on apprivoise, dit le renard. Les hommes n'ont plus le temps de rien connaître. Ils achètent des choses toutes faites chez les marchands. Mais comme il n'existe point de marchands d'amis, les hommes n'ont plus d'amis. Si tu veux un ami, apprivoise-moi !

– Que faut-il faire ? dit le petit prince.

– Il faut être très patient, répondit le renard. Tu t'assoiras d'abord un peu loin de moi, comme ça, dans l'herbe. Je te regarderai du coin de l'œil et tu ne diras rien. Le langage est source de malentendus. Mais, chaque jour, tu pourras t'asseoir un peu plus près..."

Le lendemain revint le petit prince.

"Il eût mieux valu revenir à la même heure, dit le renard. Si tu viens, par exemple, à quatre heures de l'après-midi, dès trois heures je commencerai d'être heureux. Plus l'heure avancera, plus je me sentirai heureux. À quatre heures, déjà, je m'agiterai et m'inquiéterai ; je découvrirai le prix du bonheur ! Mais si tu viens n'importe quand, je ne saurai jamais à quelle heure m'habiller le cœur... Il faut des rites.

– Qu'est-ce qu'un rite ? dit le petit prince.

– C'est aussi quelque chose de trop oublié, dit le renard. C'est ce qui fait qu'un jour est différent des autres jours, une heure, des autres heures. Il y a un rite, par exemple, chez mes chasseurs. Ils dansent le jeudi avec les filles du village. Alors le jeudi est jour merveilleux ! Je vais me promener jusqu'à la vigne. Si les chasseurs dansaient n'importe quand, les jours se ressembleraient tous, et je n'aurais point de vacances."

Ainsi, le petit prince apprivoisa le renard. Et quand l'heure du départ fut proche :

"Ah ! dit le renard... Je pleurerai.

– C'est ta faute, dit le petit prince, je ne te souhaitais point de mal, mais tu as voulu que je t'apprivoise...

– Bien sûr, dit le renard.

– Mais tu vas pleurer ! dit le petit prince.

– Bien sûr, dit le renard.

– Alors tu n'y gagnes rien !

– J'y gagne, dit le renard, à cause de la couleur du blé."

Puis il ajouta :

"Va revoir les roses. Tu comprendras que la tienne est unique au monde. Tu reviendras me dire adieu, et je te ferai cadeau d'un secret."

Le petit prince s'en fut revoir les roses :

"Vous n'êtes pas du tout semblables à ma rose, vous n'êtes rien encore, leur dit-il. Personne ne vous a apprivoisées et vous n'avez apprivoisé personne. Vous êtes comme était mon renard. Ce n'était qu'un renard semblable à cent mille autres. Mais j'en ai fait mon ami, et il est maintenant unique au monde."

Et les roses étaient bien gênées.

"Vous êtes belles, mais vous êtes vides, leur dit-il encore. On ne peut pas mourir pour vous. Bien sûr, ma rose à moi, un passant ordinaire croirait qu'elle vous ressemble. Mais à elle seule elle est plus importante que vous toutes, puisque c'est elle que j'ai arrosée. Puisque c'est elle que j'ai mise sous globe. Puisque c'est elle que j'ai abritée par le paravent. Puisque c'est elle dont j'ai tué les chenilles (sauf les deux ou trois pour les papillons). Puisque c'est elle que j'ai écoutée se plaindre, ou se vanter, ou même quelquefois se taire. Puisque c'est ma rose."

Et il revint vers le renard :

"Adieu, dit-il...

– Adieu, dit le renard. Voici mon secret. Il est très simple : on ne voit bien qu'avec le cœur. L'essentiel est invisible pour les yeux.

– L'essentiel est invisible pour les yeux, répéta le petit prince, afin de se souvenir.

– C'est le temps que tu as perdu pour ta rose qui fait ta rose si importante.

– C'est le temps que j'ai perdu pour ma rose..., fit le petit prince, afin de se souvenir.

– Les hommes ont oublié cette vérité, dit le renard. Mais tu ne dois pas l'oublier. Tu deviens responsable pour toujours de ce que tu as apprivoisé. Tu es responsable de ta rose...

– Je suis responsable de ma rose...", répéta le petit prince, afin de se souvenir. »

Voilà le secret de l'alchimie relationnelle. C'est l'heure de la revanche des Bisounours ! Vous pouvez commencer à les libérer !

Quand les choses sont faites avec le cœur, elles se transforment, elles transmutent.

Quand un projet est créé avec le cœur, il est accepté et évolue de façon durable...

L'alchimie relationnelle permet la métamorphose des projets en actes. Quels que soient la nature, l'importance et le volume des projets !

L'alchimie relationnelle, c'est l'unification à l'autre. Pour permettre aux actes individuels de se transformer en projets collectifs de progrès et de changement.

Regardons-nous les uns les autres en face : nous sommes tous des Bisounours !

Table des matières

Chapitre 3
Les 16 attitudes indispensables à la relation de gentillesse

Maquette et Mise en pages : Florian Hue

N° editeur : 5005

Dépôt légal : novembre 2014

Achevé d'imprimer le
par l'imprimerie Soler

Imprimé en Espagne